QIYE YU XIAOFEIZHE HUDONG
DUI LINGSHOUSHANG
PINPAI QUANYI DE YINGXIANG

企业与消费者互动对零售商品牌权益的影响

廖文虎 著

知识产权出版社
全国百佳图书出版单位
——北京——

图书在版编目（CIP）数据

企业与消费者互动对零售商品牌权益的影响 / 廖文虎著 . —北京：知识产权出版社，2021.10

ISBN 978-7-5130-7747-7

Ⅰ.①企… Ⅱ.①廖… Ⅲ.①零售商—品牌战略—研究 Ⅳ.① F713.32

中国版本图书馆 CIP 数据核字（2021）第 198155 号

内容提要

数字经济时代，消费者行为方式发生了重大变化，越来越多的消费者选择在线购物，实体店留住消费者变得越来越困难，传统零售企业品牌权益稀释严重。本书从互动的视角研究互动功能性、信息性、响应性、自主性对零售商品牌权益的影响。在研究过程，引入中介变量信任、感知零售商服务能力和调节变量涉入度、实体店形象等因素，进一步研究这些因素对零售商品牌权益的影响。在此基础上，本书认为只有合理地引导消费者，加强消费者与零售商之间的互动，树立良好的实体店形象，才有助于提升零售商品牌权益。

本书适合零售业从业人员及研究人员阅读。

责任编辑：龚 卫　　　　　　　责任印制：刘译文
执行编辑：吴 烁　　　　　　　封面设计：北京乾达文化艺术有限公司

企业与消费者互动对零售商品牌权益的影响
QIYE YU XIAOFEIZHE HUDONG DUI LINGSHOUSHANG PINPAI QUANYI DE YINGXIANG

廖文虎　著

出版发行：知识产权出版社 有限责任公司	网　址：http://www.ipph.cn
电　话：010-82004826	http://www.laichushu.com
社　址：北京市海淀区气象路 50 号院	邮　编：100081
责编电话：010-82000860 转 8768	责编邮箱：laichushu@cnipr.com
发行电话：010-82000860 转 8101	发行传真：010-82000893
印　刷：三河市国英印务有限公司	经　销：各大网上书店、新华书店及相关专业书店
开　本：720mm×960mm　1/16	印　张：10.75
版　次：2021 年 10 月第 1 版	印　次：2021 年 10 月第 1 次印刷
字　数：160 千字	定　价：50.00 元
ISBN 978-7-5130-7747-7	

出版权专有　侵权必究
如有印装质量问题，本社负责调换。

前　言

　　随着互联网技术的发展，越来越多的企业开始采用"实体＋网店"的模式。实践表明，采用线上零售渠道和线下实体店渠道相结合的零售商比仅采用单一渠道的零售商更加成功。在多渠道背景下，以苏宁、国美为代表的传统零售商迅速向线上进行扩张，走向了"实体＋网店"的模式，寄希望于线上消费者"浏览即购买"。然而，随着消费者主体特征和行为方式的变化，越来越多的消费者选择在一条渠道进行信息搜索、对比，在另一条渠道进行购买，可见消费者对零售商黏性不强，零售商品牌权益进一步弱化。面对这一严峻的形势，如何提升零售商的吸引力，如何将零售商与竞争对手有效区隔，以及如何进一步强化零售商品牌权益是零售商亟待解决的问题。

　　企业－消费者互动对促使消费者作出决策、有效支持零售商关联销售具有重要的意义。零售商在进行线上渠道拓展时，试图通过与消费者之间的交流来实现信息的获得。但是，零售商与消费者在交流过程中，由于对消费者了解不够和自身能力不足，使企业和消费者间的互动无法达到预期的效果。这在一定程度上对积极实施线上拓展的零售商造成了困扰。因此，探索网络背景下企业－消费者互动对零售商品牌权益的影响机制，寻求提升零售商品牌权益的方法成为必然。

　　目前，学术界对零售商品牌权益的研究，主要集中在营销组合因素、消费者体验、企业（品牌）形象、品牌延伸等因素对品牌权益的影响。在营销组合因素上，学者们选择从营销策略入手，通过数学模型的方式研究营销策略对零售商品牌权益的影响。在消费者体验上，学者们选择从感知服务质量等入手，研究对品牌权益的影响。在企业形象上，学者们更多选择从形象的维度入手，对零售商品牌权益及其维度进行研究。在品牌延伸上，学者们从延伸的策略入手，研究其对零售商品牌权益及公司市值和消费者价值的影响。然而，少有学者从感知零售商服务能力和信任（线上信任和线下信任）视角研究网络背景下企业－消费者互动对零售商品牌权益的影响。因此，从感知零售商服务能力和信任（线上信任和线下信任）视角探索企业－消费者互动对零售商品牌权益的影响，对丰富零售商品牌权益的研究具有重要的作用和意义。

本书在对相关文献和相关理论进行回顾的基础上，构建研究模型，并参照丘吉尔（Churchill，1979）量表开发流程对感知零售商服务能力进行量表开发，利用数理统计的实证分析方法，对相关的假设进行验证。研究发现包括以下8个方面。

（1）企业－消费者互动的各个维度（互动信息性、互动响应性、互动自主性、互动功能性）对信任（线上信任和线下信任）具有显著的差异。互动信息性对线上信任具有显著正向影响，对线下信任具有正相关关系。互动响应性对线上信任具有显著正向影响，对线下信任具有正相关关系。互动自主性对线上信任具有显著正向影响，对线下信任具有正相关关系。互动功能性对线上信任不具有显著正向影响，对线下信任不具有正相关关系。

（2）线上信任对零售商品牌权益不具有显著正向影响，线下信任对零售商品牌权益具有显著正向影响。

（3）企业－消费者互动的各个维度（互动信息性、互动响应性、互动自主性、互动功能性）对零售商品牌权益的影响具有显著的差异。互动信息性、互动响应性和互动自主性显著正向影响零售商品牌权益，互动功能性对零售商品牌权益不具有显著正向影响。

（4）企业－消费者互动的各个维度（互动信息性、互动响应性、互动自主性、互动功能性）对感知零售商服务能力的影响具有显著的差异。互动信息性、互动响应性和互动自主性显著正向影响感知零售商服务能力，互动功能性对感知零售商服务能力不具有显著正向影响。

（5）感知零售商服务能力显著正向影响零售商品牌权益。

（6）涉入度在互动信息性、互动响应性、互动自主性与感知零售商服务能力之间发挥调节作用。

（7）实体店形象在企业－消费者互动与线下信任之间发挥调节作用。

（8）感知零售商服务能力显著正向影响线上信任和线下信任。

通过探讨，本书认为多渠道零售商应该建立和完善消费者与零售商之间的互动方式；合理有效地引导消费者；积极营造良好的实体店形象；充分利用信任的情感纽带，积极维持消费者与零售商之间的双边关系；积极培养零售商服务能力；不断完善不同渠道之间的协同。

本书的理论贡献：

第一，构建了企业－消费者互动对零售商品牌权益的研究模型。本书借鉴企业－消费者互动与零售商品牌权益的研究成果，构建了企业－消费者互动对零售商品牌权益的影响机制。在此基础上，本书将实体店形象和涉入度引入模型的研究中，研究实体店形象在企业－消费者互动与信任之间的调节作用，以及涉入度在企业－消费者互动与感知零售商服务能力之间的调节作用，综合分析企业－消费者互动、信任、感知零售商服务能力与零售商品牌权益之间的关系，并探讨其直接和间接路径关系。

第二，提出了感知零售商服务能力的测量量表。本书在多渠道零售背景下，基于服务能力的概念，将感知零售商服务界定为消费者对多渠道零售商有效和高效传递服务的才能的评价。随后通过访谈，确定感知零售商服务能力的四个维度，即信息能力、交易能力、补救能力和整合能力。在此基础上，参照丘吉尔（1979）量表开发的方法和流程提出感知零售商服务能力的测量量表，并通过相应的数据收集，对感知零售商服务能力测量量表进行信度和效度检验。

第三，深化了多渠道零售商背景下企业－消费者互动的内涵。以往对企业－消费者互动的研究，更多从零售商网店与消费者之间的互动、消费者与零售商的互动两个维度出发，主要从感知易用性、感知风险等因素展开，研究其对消费者行为的影响。本书在企业－消费者互动研究的基础上，将零售商网站与消费者之间的互动和消费者与零售商之间的互动两者整合在一起，从互动的过程入手，将企业－消费者互动归纳为互动功能性、互动信息性、互动响应性和互动自主性四个维度，并指明企业－消费者互动对零售商品牌权益的影响。

  本书在研究过程中，引入中介变量信任，并将信任分为线上信任和线下信任。进一步研究企业－消费者互动对线上信任、线下信任的影响，以及线上信任、线下信任对零售商品牌权益的影响。

目　录

第一章　导　论 ……………………………………………………………… 1
　　第一节　选题背景 ……………………………………………………… 1
　　第二节　研究目的与意义 ……………………………………………… 4
　　第三节　研究内容、方法、思路 ……………………………………… 6

第二章　文献综述 …………………………………………………………… 10
　　第一节　企业–消费者互动 …………………………………………… 10
　　第二节　零售商品牌权益 ……………………………………………… 18
　　第三节　实体店形象和涉入度 ………………………………………… 21
　　第四节　感知零售商服务能力 ………………………………………… 25

第三章　理论基础与研究模型 ……………………………………………… 28
　　第一节　理论基础 ……………………………………………………… 28
　　第二节　本书的研究模型 ……………………………………………… 41

第四章　感知零售商服务能力的量表开发 ………………………………… 43
　　第一节　消费者定性访谈 ……………………………………………… 43
　　第二节　感知零售商服务能力量表 …………………………………… 46

第五章 研究假设及问卷设计 ·· 62
第一节 研究假设 ··· 62
第二节 问卷设计 ··· 70

第六章 数据分析 ·· 88
第一节 样本概况 ··· 88
第二节 假设检验 ··· 95

第七章 研究结论与展望 ··· 117
第一节 主要结论 ·· 117
第二节 理论贡献与管理借鉴 ··· 121
第三节 研究的局限与展望 ·· 127

参考文献 ·· 130

附　录 ·· 150
附录A 访谈提纲 ··· 150
附录B 感知零售商服务能力调查问卷 ································ 151
附录C 企业–消费者互动对零售商品牌权益的影响调查问卷 ···· 155

第一章　导　论

第一节　选题背景

2020年年初，新型冠状病毒肺炎（以下简称"新冠肺炎"）疫情突如其来，全国各地都采取了居家隔离等有效的防控措施。持续数月的疫情不仅从需求端改变了消费者的消费习惯，也从供给端对消费市场的正常运转造成较大冲击。

在新冠肺炎疫情下，下沉市场的线上化程度进一步加深，消费者线上消费习惯全面养成。在疫情期间出行受限的影响下，消费者迅速从线下模式切换到线上生活、工作、娱乐模式，线上市场黏性增加。一方面，线上消费对象范围不断拓展，网购对象向生鲜、医药等非标准化和低频商品延伸。另一方面，线上消费群体也迅速扩容，老年居民和学龄儿童也加入线上购物和线上学习、娱乐大军。京东大数据显示，2020年春节，京东平台上针对老年群体的家庭护理产品销量增长明显，1月20日至27日，心电/血氧仪下单量环比增长18倍，其中56岁以上用户购买血氧仪的数量同比增长400%左右。❶

面对这一严峻形势，以沃尔玛为代表的零售商进行了线上扩展，实行多渠

---

❶ 青年企业家见闻.康养新业态将在春天之后爆发增长[EB/OL].（2020-03-02）[2020-05-15]. https://www.sohu.com/a/377154467_247115.

道战略❶，寄希望于通过实施多渠道战略来解决消费者渠道间的跨越问题。然而在实施"砖瓦+点击"❷模式的过程中，由于网店和实体店的不同步性，使消费者与零售商之间产生较大的隔阂，进一步削弱了零售商自身的品牌权益。互动作为一种交流方式，在一定程度上有利于消除零售商与消费者之间的隔阂，提升彼此之间的信任，并最终提升零售商的品牌权益。

一、现实背景

（一）线上零售稳步增长

根据艾瑞咨询2020年的报告，2019年第四季度中国网络购物市场交易规模达3.2万亿元，环比增长38.5%，较2018年同期增长26.9%。2019年第四季度B2C占比53.2%，新冠肺炎疫情期间渗透率加速提升。❸此外，部分大型零售商以线下为依托，积极向线上延伸，整合线上线下供应链，推动线上零售进一步发展。苏宁云商自2008年开始向线上延伸，推出苏宁易购，虽历经亏损，但在2017年上半年营业利润达80 657万元，增幅达108.83%。❹国美在线通过践行线上、线下、移动端等多渠道互融互通的全零售战略，与线下共享优质高效的供应链、物流、大数据平台，通过千亿级采购规模及高效ERP系统，使库存价格平均降低30%。❺

此外，2020年春节期间，京东到家全平台销售额相比2019年同期增长

---

❶ 德勤咨询. 2017年全球零售力量（附报告）[EB/OL]. （2017-06-12）[2020-09-20]. http://www.199it.com/archives/596503.html.

❷ "砖瓦+点击"模式即指"实体店+网店模式"。

❸ 艾瑞咨询. 中国电子商务市场数据发布报告[EB/OL]. （2020-07-28）[2020-09-20]. https://www.waitang.com/report/24138.html.

❹ TechWeb. 2017上半年双线盈利能力增强，苏宁云商智慧零售优势凸显[EB/OL]. （2017-08-01）[2020-09-20]. http://prnews.techweb.com.cn/qiyenews/archives/32611.html.

❺ 环球网. 互联网+大数据 国美在线展示零售业态发展新趋势[EB/OL]. （2016-07-15）[2020-09-20]. https://www.sohu.com/a/106074062_162522.

470%，盒马鲜生日均蔬菜供应量是平时的 6 倍，叮咚买菜日均订单相比 2019 年同期增长 3~4 倍，美团买菜用户环比增幅平均为 200%。2020 年新冠肺炎疫情期间，线上交易额急剧上升。

（二）消费者获得产品信息渠道多样化

传统零售环境中，消费者通过与店员进行交流，或通过自身的体验（如对产品的观察、触摸等）完成信息收集，随后与零售商的服务人员进行交易完成整个购买过程。然而，随着计算机和互联网技术的快速发展，特别是大数据的来临，使消费者信息搜索越来越便利，越来越多的消费者在不同渠道之间进行信息搜索和比较，通过产品的图片、价格、第三方评论等信息对零售商及产品深入了解。研究发现，68.5% 的消费者通过网络购物，66.4% 的消费者使用手机购物。❶ 此外，消费者在进行信息搜索和比较时，也会积极参与零售商的各种活动，如创意大赛等。消费者通过积极参与零售商的活动，与零售商进行信息交流和沟通，更好地了解零售商。

（三）零售商品牌权益重要性日益突出

零售商品牌权益作为一种附加效应或价值，对零售商自身知名度的提升有着重要的作用。它能将零售商与竞争对手进行有效的区分，增加消费者对零售商的忠诚度。然而在现实生活中，无论是制造型企业还是服务型企业，在零售商品牌权益的建设过程中都存在较大的问题。2017 年 12 月的苹果"降速门"就是零售商不注重自身品牌权益建设的一个突出案例。苹果利用其在手机市场上建立的品牌效应和强大的话语权，忽视消费者对产品的知情权，人为地降低手机运行速度，迫使消费者更换手机电池或购买一部新款的手机，最终对苹果自身的品牌权益造成影响，使其市值出现较大幅度的缩水。因此，加强对零售商品牌权益的建设并进行有效的管理，对零售商自身具有重要的意义。

综上所述，通过增进消费者与零售商之间的信息交流和沟通，解决消费者在

---

❶ 中国互联网络信息中心. 中国互联网发展状况统计报告 [R]. 北京：中国互联网络信息中心，2017.

不同渠道之间的转化，既有利于增强消费者对零售商的认知和忠诚，也有利于提升零售商的利润，增强零售商的品牌权益。互动作为在线零售商与消费者之间一种信息交流的方式，有利于增强二者之间的信任，进一步提升零售商品牌权益。

二、理论背景

李（Lee）等（2010）认为网络互动会影响感知价值，进而影响消费者满意度。陈（Chen）等（2011）依据网络社会互动的参与方式将网络社会互动分为口碑和观察学习。周飞（2013）将网络社会互动分为信息搜索、在线评论和观察学习，并研究线上线下互动对零售商协同业绩的影响。毕达天（2014）认为，电子商务企业-消费者之间的互动会通过客户体验来影响消费者忠诚，并将企业-消费者之间的互动分为互动功能性、互动信息性、互动响应性和互动自主性四类。

在零售商品牌权益的研究上，帕普（Pappu）等（2006）将其界定为一种零售品牌赋予零售商的、能被消费者感知的附加效应或价值。金（Jin）等（2010）研究发现线上线下协同运作的绩效要优于单一的网上零售商或传统实体店。

由于线上线下渠道之间存在稀释效应，消费者对实体店或网络商店的不满会直接影响线上商店的品牌认知或线下商店的品牌认知，进而影响零售商品牌权益。特别是线上线下渠道之间经常发生掠夺或替代，销量彼此转移，难以对零售商整体销量和业绩有大幅度提升。因此，开展零售商品牌权益的研究，增加零售商与消费者间的互动，对于处在激烈竞争中的零售商而言具有重要的意义。

第二节 研究目的与意义

一、研究目的

企业-消费者互动作为一种营销活动，对提升企业的竞争力，改善企业与消费者之间的关系有重要的作用。在企业-消费者互动研究方面，学者们主要从组织行为学视角和电子商务视角进行研究。在组织行为学视角上，邦纳（Bonner，2010）在研究企业-消费者互动和新产品业绩时，将企业-消费者互动分为双向交流、消费者参与和联合解决三个维度。在组织行为学视角上，国内学者唐嘉庚（2006）将企业-消费者之间的互动分为双向性和响应性两个维度。赵红霞等（2015）在《B2C网络购物中在线互动及临场感与消费者信任研究》一文中用响应性来测量消费者与卖方之间的互动。由于在企业-消费者互动之间的维度没有统一的划分，本书研究的目的之一就是对企业-消费者互动的维度进行划分。

零售商品牌权益作为零售品牌赋予零售商的一种价值，对提升品牌认知和消费者忠诚发挥重要作用。零售活动作为品牌权益的主要动因，对零售商品牌权益有重要的影响。互动作为一种营销活动，探究其如何影响零售商品牌权益，以及其机制是什么，是本书的又一研究目的。

二、研究意义

以往企业-消费者互动更多基于在线虚拟社区和企业战略的视角，研究互动对品牌忠诚、企业业绩的影响。而在品牌权益的研究上，学者们主要从消费者层面和企业层面出发分析消费者对品牌的认知及品牌带来的溢价。本书基于线上零售的背景，研究企业-消费者互动的内涵、维度及零售商品牌权益维度和测量，同时结合消费者心理特征，如信任、感知零售商服务能力等，构建企业-消费者互动与零售商品牌权益之间的模型，为企业-消费者互动和零售商品牌权益的研究提供了新的思路。同时，针对变量感知零售商服务能力无现成的量表进行测量，本书采用了定性访谈的方式，开发出感知零售商服务能力的量表，并进行相应的检验。

在实践过程中，由于互联网信息技术的发展，信息搜索成本大大降低。越来越多的消费者选择在不同渠道进行信息搜索和购买，消费者不再将零售商作为首选。企业-消费者互动有助于消费者更好地与零售商之间进行信息交流，为消费者了解零售商提供了便利的条件，增强了彼此之间的信任，提升了消费者对零售商的认知，有利于零售商品牌权益的建设。

第三节　研究内容、方法、思路

一、研究内容

在多渠道零售背景下，消费者信息搜索成本大大降低。越来越多的消费者选择在不同渠道之间进行信息搜索和渠道转换，消费者对零售商的忠诚度和认知度降低，零售商品牌权益进一步弱化。面对这一严峻形势，如何提升零售商品牌权益成为零售商急需解决的问题。研究发现，企业采用营销活动（如产品促销等）会对零售商品牌权益产生影响。企业－消费者间的互动作为一种营销互动，其如何影响零售商的品牌权益，企业－消费者间互动的内容是什么，以及两者之间的机制是什么，是本书需要解决的问题。

（一）进一步对企业－消费者互动进行阐述

多渠道零售背景下，渠道的便利性、搜索信息成本的降低为消费者在不同产品之间进行价格对比、了解产品的真实信息提供了便利的条件。消费者不再需要与雇员、客服进行沟通，或者较少与雇员、客服进行沟通。企业－消费者互动将消费者从传统的获得目标产品延伸到情感体现、信任体现。本书从消费者体验的视角出发，立足零售，研究多渠道零售背景下企业－消费者互动的概念，并结合结构特征的分类方法对企业－消费者互动的因子进行总结和归纳。

（二）探求企业－消费者互动对零售商品牌权益的影响机制

零售商品牌权益是零售品牌赋予零售商的一种附加效应或价值，其通过渗透到零售商提供的商品或服务使零售商品牌获得与竞争对手相区别的优势。企业－消费者间互动是一种营销活动，其通过加强企业与消费者之间的沟通，鼓励消费者参与，将消费者所思、所想与零售商进行有效的链接，提升了消费者对零售商能力的认可和信任，进一步增强了零售商自身的品牌权益。因此，本书在研究企业－消费者互动对零售商品牌权益的影响过程中，将信任作为中介引入研究过程。

实体形象作为零售商品牌权益的基础（Ailawadi，Keller，2004），其通过传达零售商的价值，使其在消费者心中占据有利的位置，从而获得可持续的竞争优势。因此，零售商实体形象的好坏往往影响零售商在消费者心目中的位置，并引发彼此之间的信任，并最终影响零售商品牌权益。本书在研究过程中有必要将实体形象作为调节变量引入企业 - 消费者互动对零售商品牌权益影响的研究过程。

服务能力是服务供应商在一段时间内传送服务的本领（菲茨西蒙斯，2013）。国内学者彭泗清（2004）认为，服务能力是企业为客户提供与交易关系相配套的各种服务，提升企业服务理念、研究了解消费者、设计优秀的产品等有利于提升企业服务能力。企业 - 消费者间互动，有利于零售商更好地了解消费者，为零售商设计优秀的产品提供了很好的依据，同时也有利于增加零售商的品牌权益。因此，本书在研究过程中有必要将感知零售商服务能力作为中介变量进行研究。

综上所述，本书通过构建企业 - 消费者互动对零售商品牌权益的研究模型，探索企业 - 消费者互动如何通过信任、感知零售商服务能力来影响零售商品牌权益，以及实体店形象的调节效应，明确企业 - 消费者互动与零售商品牌权益的关系。

二、研究方法

本书以企业 - 消费者互动和零售商品牌权益的研究为基础，结合信任理论、刺激—机理—反应等提出假设，选取在线零售渠道进行交易的消费者，以其参与企业 - 消费者间互动的状况及心理为依据进行数据的收集，通过实证研究探索企业 - 消费者互动与零售商品牌权益的关系。

（一）文献研究

本书通过对国内外相关文献进行归纳和总结，了解相应的研究现状，确定本书需要进行研究的切入点；通过对消费者－企业互动、零售商品牌权益、零售商服务能力、网络信任、实体店形象等相关文献进行总结，确认本书需要进行研究的内容和方向；在对相关概念进行界定的基础上，以理性行为理论、刺激—机理—反应理论为基础，构建企业－消费者互动对零售商品牌权益的影响研究模型。

（二）问卷调查

本书通过问卷调查的方法对书中相应的变量进行测量。在问卷形成初期，本书通过对预调研对象进行调研，发现问卷中存在的问题，并对存在的问题进行局部修改，保证问卷的合理性与科学性。此外，在预调研过程中，为了保证问卷的合理性和准确性，本书对问卷的信度和效度进行了相应的检验。在此基础上，进行大规模的问卷发放和数据搜集。

（三）数据分析

本书采用 SPSS 20.0 和 AMOS 22.0 等统计软件进行数据分析，采用回归分析、t 检验、探索性因子分析、验证性因子分析、结构方程模型等方法进行数据分析和假设检验。

（四）访谈法

本书主要对感知零售商服务能力这一变量进行相应的访谈，并将访谈文本的内容进行分析，获得消费者对零售商服务能力认知的真实感受和内容特征，同时提取关键性影响因素。

三、研究思路

为达到对多渠道背景下企业－消费者互动对零售商品牌权益影响的研究目的，本书采用如下步骤：第一步，文献综述。本书通过对企业－消费者互动与零售商品牌权益相关研究的分析，在现有研究的基础上，构建企业-消费者互动对零售商品牌权益影响的研究架构。第二步，建立模型。在相关理论分析的基础上，选取信任、感知零售商服务能力作为中介，研究多渠道零售环境下企业-消费者互动对零售商品牌权益的影响，并引入实体店形象和涉入度等调节变量，构建企业-消费者互动对零售商品牌权益影响模型及研究假设。第三步，方案的确定和实施。通过访谈进行文本的收集及信息的提取，通过调研进行数据的收集，利用 SPSS 和 AMOS 进行相应的数据处理及假设验证。第四步，研究结论与展望。通过对前文数据进行分析，得出相应的结果，并进行讨论，得出本书最终的结论。在此基础上，提出相应的对策，并针对本书中存在的不足，提出未来的研究方向。本书具体技术路线如图 1-1 所示。

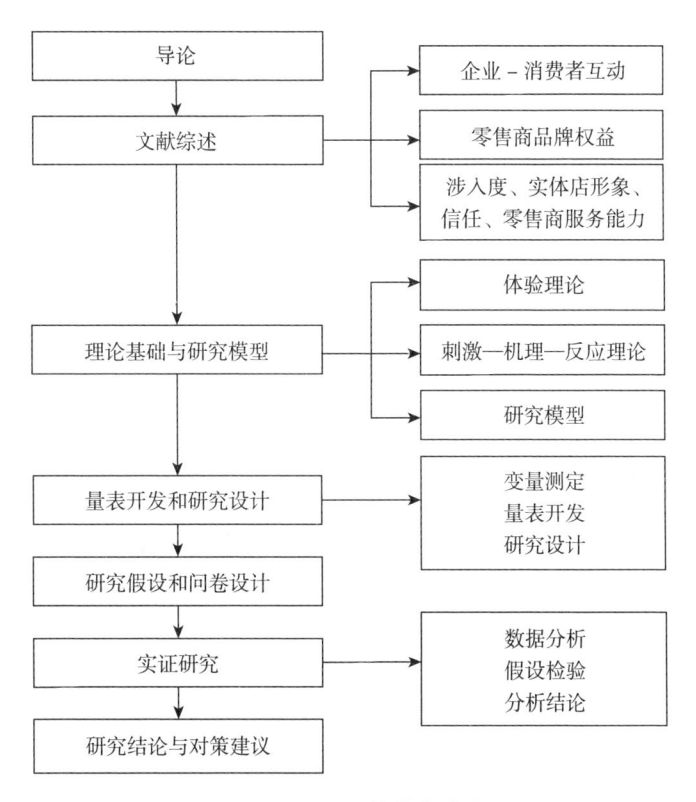

图 1-1 本书具体技术路线

第二章 文献综述

本章分别对企业－消费者的互动、零售商品牌权益、信任、实体店形象、涉入度、感知零售商服务能力的相关研究进行回顾。在企业－消费者的互动综述中，分别从互动的概念、互动的维度等方面进行综述。在零售商品牌权益综述中，分别从零售商品牌权益的界定、零售商品牌权益的维度等方面进行综述。在信任、实体店形象、涉入度、感知零售商服务能力综述中，分别从概念的界定、分类等方面进行综述。通过对上述研究进行梳理，找出研究中存在的不足，明确本书的研究目的。

第一节 企业－消费者互动

互动作为一种营销活动，随着营销环境的更新而不断变化，特别是随着消费者从线下渠道向线上渠道进行迁徙，互动研究也随之延伸到 B2C 环境、C2C 环境，而研究内容则从传统的企业与消费者之间的互动延伸到消费者与网站之间的互动。由于研究背景与研究内容所限，学者们并没有就企业－消费者互动进行明确分辨，只将其归纳为网络互动、在线互动等，或基于战略的视角进行相应的研究。本节通过对互动和企业－消费者互动相应的文献进行回顾和归纳，探寻企业－消费者互动的脉络。

一、互动与企业-消费者互动的界定

（一）互动的概念

过去人们把互动视为人际交流的自然属性。当今社会，随着互联网等信息技术的快速发展，互动变得越来越重要。由于研究者的研究背景和文化知识的不同，互动被赋予不同的概念。根据关注的焦点，互动概念的研究主要集中在结构特征观、过程观和感知观三个方面（Mcmillan，Hwang，2002）。

1. 结构特征观界定

赖斯（Rice，1984）将互动性界定为发送者通过通信这样的模式，使其能够实时或延迟地与接收者进行交换。延森（Jensen，1998）将互动性界定为一种媒体潜在力。隆巴尔（Lombard）等（2001）则将互动性界定为可使用户对媒介呈现或体验内容产生影响的媒介力（见表2-1）。

表2-1 基于结构特征观的互动定义

研究者	定义	核心因素
哈和詹姆斯（Ha，Jammes，1998）	识别互动的五个特征：趣味性、选择、连接线、信息收集、反馈交流	构成互动的五个特征
延森（1998）	可使用户对媒介的通信内容和形式发挥影响的媒体潜在力	能让使用者控制的特征
阿伦（Ahren）等（2000）	媒介交互是依据声音和视频这样的特征而进行的。人类互动是依据公告板和聊天室这样的特征而进行的	多媒体、双向沟通的特征
麦克米伦（McMillan，2000）	网站是可交互的	网站的特征是便于交流和控制
诺瓦克（Novak）等（2000）	互动速率作为一个流动的概念是缓慢和冗长的，其建立在诸如等待时间、加载时间等措施和网站交互的程度之上	互动的时间要求
隆巴尔和达奇（Dutch，2001）	用户可对媒介呈现或体验的内容和形式产生影响的媒体特征	能让使用者控制的特征

续表

研究者	定义	核心因素
范晓屏和马庆国（2009）	网络互动是由网络互动内容等四个维度构成	场所、方式

注：笔者根据相关文献、资料整理。

认同结构特征观的学者更多从互动本身所呈现的内容特征和媒介形式来界定互动，未考虑互动过程中消费者所带来的影响及认知。

2. 过程观界定

罗伯特（Robert）等（1991）将互动性界定为企业和消费者之间的交流过程。帕夫利克（Pavlik）等（1998）将互动性界定为发送者和接收者之间的双向交流，或指更广泛的多个发送者和接收者之间的多向交流。希特（Heeter）等（1989）将互动性界定为人类与世界，包括环境、物体、其他生命体之间进行物理作用与反作用的插曲或一系列的插曲（见表2-2）。

表2-2 基于过程观的互动定义

研究者	定义	核心因素
艾弗里，考尔德和道恩·亚科布齐（Avery, Calder, Dawniacobucci, 1998）	在互动系统中，消费者操控着交互请求和提供信息的内容。新媒体的特点是交互，消费者企业以一种不同于以往的方式进行对话	用户操控、消费者企业间对话
赵，霍恩和来肯比（Cho, Hoan, Leckenby, 1999）	个人通过与广告信息和广告商进行交互而积极从事广告加工的程度	在个人与广告商之间进行交换
黑克尔和斯蒂芬（Haeckel, Stephan, 1998）	互动的本质是交换	交换
希特和凯丽（Carrie, 2000）	互动性界定为人类与世界，包括环境、物体、其他生命体之间进行物理作用与反作用的插曲或一系列的插曲	行动和反应
帕夫利克和约翰（Pavlik, John, 1998）	互动意味着在接收者和发送者之间的双向沟通，更宽泛地讲是在任何接收者和发送者任何方向的沟通	双向沟通

续表

研究者	定义	核心因素
马克（Mark，2005）	互动是满足自身的需要而进行信息交换的过程	交换
博尔顿和萨克塞纳莱尔（Bolton，Saxena Iyer，2009）	互动是消费者与企业之间的过程交换	交换
蒂娜（Tina）等（2012）	互动是信息搜索的过程交互	交互
梁静（2010）	互动是一种过程交互	交互

注：笔者根据相关文献、资料整理。

认同过程观的学者主要从互动的整个过程出发，注重互动过程中的双向交流、双向沟通及彼此间的交互和交换，通过互动技术来营造双向的、无障碍的信息搜索和获取的方式。

3. 感知观界定

基奥斯（Kiousis，1999）将互动性界定为用户对人际交流的一种感知。吴（Wu，1999）则认为互动性是导航和响应构成的概念。吴（2000）将互动性界定为个人对互动过程、交流个性化等程度的感知（见表2-3）。

表2-3 基于感知观的互动定义

研究者	定义	核心概念
戴和乔治（Day，George，1998）	互动营销的本质是使用消费者的信息而非消费者本身	消费者卷入度
基奥斯（1999）	用户对人际交流的一种感知	人际交流的感知
舒曼（Schumann）等（2001）	互动是消费者的一个特征，不是媒介的特征。媒介简单的服务是为了便于交互	消费者的选择是为了交往、互动
吴（1999）	互动性界定为由导航和响应组成的概念	导航和响应的感知
麦克米伦等（2003）	感知互动能够测量用户对网站的态度	感知互动影响态度
唐嘉庚（2006）	在互动过程中，用户获得的对互动性的体验或感知	用户体验或感知

续表

研究者	定义	核心概念
李智娜（2010）	互动是一种消费者的感知	消费者感知
程振宇（2013）	互动是一种信息和情感交流	信息和情感交流
肇丹丹（2015）	互动是一种感知，一种双向沟通	感知和沟通

注：笔者根据相关文献、资料整理。

认同感知观的学者更多地从消费者个人的感知和情感出发，将消费者作为研究对象，研究其对零售商及其网站的态度。

综上所述，结构特征观互动研究主要从互动本身所呈现的内容特征、形式进行研究，其强调的是一种媒介形式和载体，是互动的客观属性。过程观互动研究强调的是一种过程，一种信息的交流，其建立在沟通层面之上。感知观互动研究强调一种感知，一种互动过程中的体验；而这种感知建立在互动过程和互动媒介之上，并通过其影响消费者最终的决策。通过文献回顾，可以发现学者们在互动概念上并未形成一致的意见，也没有对当前新环境下互动的界定给出明确的概念，但学者们认为互动作为一种活动会对零售商造成影响。

（二）企业-消费者互动的界定

在企业-消费者互动概念的界定上，学者主要从组织行为学视角和电子商务视角两个方面进行界定。

1. 组织行为学视角界定

威克斯特罗姆（Wikstrom，1995）认为，企业-消费者互动是买卖双方为达成一定价值而进行的调适。伦德克斯克和亚赫利夫（Lundkvist，Yakhlef，2004）认为，企业-消费者互动是双方之间预先信息、想法、知识和意图的转移。马廷（Matthing）等（2004）认为，企业-消费者互动是企业消费者之间通过合作学习来改变其行为的过程（见表2-4）。

表 2-4　基于组织行为学视角界定企业 – 消费者互动的概念

研究者	定义	核心概念
拉马尼（Ramani，2006）	企业 – 消费者互动是一种组织能力，这种组织能力来自公司坚定的消费者观念、互动响应能力、消费者授权和消费者价值管理	消费者观念、互动响应能力等
拉马尼和库马尔（Kumar，2008）	企业 – 消费者互动是企业与消费者通过不间断的交互活动从消费者那里获得信息，并基于此同消费者建立关系进而获利的能力	企业与消费者进行互动，使企业获利
邦纳（2010）	企业 – 消费者互动是潜在消费者与项目组成员互动的程度	双向交流、消费者参与等
卫海英和杨国亮（2011）	企业 – 消费者互动是一种信息分享和相互影响，其认为互动应该包含双向交流等三个维度	双向交流、消费者参与等
卫海英和杨国亮（2012）	企业 – 消费者互动是企业与消费者利用互动中所获得的信息，以达到营利性消费者关系的一种能力。这一概念包含消费者概念等四个维度	消费者概念、响应能力等
卫海英和骆紫薇（2014）	企业 – 消费者互动反映了企业与消费者互动的能力，并将企业 – 消费者互动分为消费者概念等三个维度	消费者概念、消费者授权等
袁平等（2015）	企业 – 消费者互动由消费者观念、互动响应能力等四个维度构成	消费者观念、互动响应能力等四个维度
范钧和聂津君（2016）	将企业 – 消费者互动分为信息导向互动等	信息导向互动等

注：笔者根据相关文献、资料整理。

认同组织行为界定的学者主要是基于资源交换的视角，其涉及企业与一个或多个消费者之间的信息和资源分享。

2. 电子商务视角界定

目前，从电子商务视角研究的学者更多地将企业 – 消费者互动归纳到 B2C 互动的研究过程中，将企业 – 消费者互动作为其中的一个维度。唐嘉庚（2006）将 B2C 互动分为网站 – 消费者互动、在线企业 – 消费者互动、消费者 – 消费者互动三类。毕达天（2013）将 B2C 企业 – 消费者互动界定为电子商务企业与客户间通过电话等方式进行沟通和交流。赵红霞等（2015）将网络购物中在线互动分为消费者－网站互动等三个维度，并从功能性角度、过程观角度、感知角度对互动进行界定。

综上所述，从组织行为视角进行界定的企业－消费者互动更多强调的是一种信息互换和共享，其本质是一种基于资源交换的组织间联系（Goes，1997），是企业－消费者为完成某个复杂任务而集合的行动。从具体实施的角度，消费者企业互动致力于获得消费者信息，依据信息开发计划，响应消费者需求。本书选择从电子商务视角进行界定，将企业－消费者互动界定为多渠道背景下线上零售商通过电子邮件、在线聊天、微博等媒介与消费者进行信息沟通和交流的过程。

二、互动与企业－消费者互动的维度

（一）互动维度

目前，在互动研究过程中，由于学者们对互动的看法不同，因此在互动要素的选择上存在较大的差异。哈和詹姆斯（1998）认为，由于互联网的出现，互动不再呈现单项交流，更多的是基于双向流通。互动的核心是一种交换。

伯贡（Burgoon，1999，2000）认为，参与度、互惠性和个别性是互动的三个维度。其中，参与度强调的是消费者参与的程度；互惠性强调的是一种利益上的均衡；个别性强调的是独一无二和独特性。

刘和施勒姆（Liu，Shrum，2002）将互动因素归纳为活动控制、双向沟通和同步性三个维度。唐嘉庚（2006）将互动分为客户－网站互动、客户－在线供应商互动、客户－客户互动三个因子。其中，客户－网站互动包含易用性、有用性两个维度；客户－在线供应商互动包含双向性、响应性两个维度；客户－客户互动包含互助性一个维度。李智娜（2010）将在线品牌社群中的互动划分为消费者－消费者互动、消费者－品牌互动。其中消费者－消费者互动由相互依赖、影响力、连通性三个维度构成；消费者－品牌互动由属性性、娱乐性两个维度构成。赵宏霞等（2015）将网络购物中的互动分为三个因素，即消费者与网站间的互动、消费者与卖方间的互动、消费者间的互动。

综上所述，早期互动的研究更多基于技术层面。此后，学者们开始从消费者视角入手，研究消费者的感知，并从感知层面对互动进行界定和维度划分。例如，吴（1999）在研究感知互动性和态度对网站的影响时，将互动分为导航和响应两个维度，并开发相应的量表对导航和响应两个维度进行测量。虽然学者们对互动的观点有所不同，但大致都将互动分为消费者 - 网站互动、企业 - 消费者互动和消费者 - 消费者互动三大类。在消费者 - 网站互动的测量上，学者们更多采用感知易用性和感知有用性进行测量，在企业 - 消费者互动的测量上，学者们都强调双向沟通和响应性。在消费者 - 消费者互动上，部分学者采用互助性进行测量。由于消费者在互动过程中，往往会追求更多精神上的东西，如趣味性、信息的友好等，因此在研究过程中，需要将这些因素考虑进去。

（二）企业 - 消费者互动的维度

在企业 - 消费者互动的维度划分上，学者主要选择从组织行为视角和电子商务视角进行维度划分。从组织行为视角来看，邦纳（2010）将企业 - 消费者互动分为双向交流、消费者参与和联合解决三个维度。卫海英和杨国亮（2012）将企业 - 消费者互动分为消费者概念、响应能力、消费者授权、价值管理四个维度。范钧和聂津君（2016）在研究企业 - 消费者互动对企业业绩的影响时，将企业 - 消费者互动分为信息导向互动、关系导向互动和任务导向互动三个维度。从电子商务视角来看，安德森（Anderson，1996）将互动分为信息流多样性、订阅及时性和可获取性、反馈及时性、互动智能性和响应性、内容个性化五个维度。唐嘉庚（2006）将环境下的互动因素分为消费者 - 网站互动、消费者 - 在线供应商互动、消费者 - 消费者互动三个维度。其中，消费者 - 网站互动包含易用性、有用性两个维度；消费者 - 在线供应商互动包含双向性、响应性两个维度；消费者 - 消费者互动包含互助性一个维度。庄贵军等（2013）以五家企业案例为例，通过对五家企业进行分析，从驱动因素、交互能力等方面来研究其对企业 - 消费者互动的影响。毕达天（2014）在研究电子商务企业 - 消费者互动对客户体验影响研究时，将电子商务企业 - 客户互动分为功能性、信息性、响应性和自主性四个维度进行测量。赵宏霞等（2015）将网络购物中的在线互动分为消费者与网站互动、消费者与卖方互动、消费者之间的互动三个维度，并分别由感知易用性、响应性和互助性三个变量进行测量。

本书选择从电子商务视角对企业-消费者互动进行维度划分，参照安德森（1996）提出来的互动因子，同时结合国内学者毕达天（2014）开发的企业-消费者互动因子，将企业-消费者互动分为功能性、信息性、响应性和自主性四个维度进行测量。

第二节　零售商品牌权益

一、品牌权益与零售商品牌权益的界定

（一）品牌权益的界定

自20世纪80年代美国营销科学研究院以"品牌权益"为主题召开会议后（于春玲等，2005），不同的学者从不同的视角对品牌权益进行界定。

法夸尔（Farquhar，1989）将品牌权益界定为品牌给产品带来的超越其使用价值的附加价值。阿克（Aaker，1991）认为，公司必须对股东负责，只有通过对品牌赋予相应的货币价值，管理人员才知晓公司的总资产。凯勒（Keller，1993）认为，品牌权益是消费者受营销活动刺激而产生的差异化效果，其包含三个概念：差异化效果、品牌知识和消费者对营销活动的反应。修卡（Shocker，1994）从两种角度界定品牌权益，从消费者角度将其界定为消费者所感知的产品在使用过程中所带来的差异，从企业角度将其界定为品牌所带来的营业额上的增加。拉萨尔（Lassar）等（1995）认为，品牌权益是消费者所感知的一种效应，在界定品牌权益时，需考虑五个重要因素：①品牌权益是一种知觉而非标准；②品牌权益是一种联想，来源于消费者的偏爱；③品牌的整体价值联想不在于品牌的外形；④品牌权益是相对的；⑤品牌权益与财务绩效有关联。奥

沙瓦（Yoo）等（2000）将品牌权益界定为消费者对有无品牌产品受同一水平营销刺激的差异化反应。

国内学者符国群（1999）将品牌权益界定为附着于商标之上的一种消费者关系。范秀成（2000）认为品牌权益是企业通过营销努力而产生的一种附加价值。乔均等（2006）认为品牌权益有以下内涵特质：①品牌能对消费者产生记忆中的影响；②消费偏好与品牌关系紧密，消费者存在较高的品牌忠诚度；③消费者能够溢价购买自己偏爱的品牌，从而品牌能给企业带来增加值。上述对品牌权益的界定主要基于财务、消费者和品牌成长的观点。

（二）零售商品牌权益的界定

帕普和奎斯特（2006）将零售商品牌权益界定为消费者对某一零售商所产生的与其他零售商不同的一种反应。其中，品牌认知强调的是消费者对零售商自身的一种认知上的感觉；品牌联想是指消费者对零售商的一种自我联想；感知质量是指消费者对零售商自身品质的一种判断；品牌忠诚是指消费者将零售商作为首选的一种考量。克雷默和维奥（Kremer，Viot，2012）在研究网络零售服务时将品牌权益界定为消费者对该品牌在情感连接、在线体验等方面的差别化感知。怀特（White，2013）认为，零售企业品牌权益是零售商通过营销努力引起的消费者差异化感知。

二、品牌权益与零售商品牌权益的测量

（一）品牌权益的测量

学者们主要从消费者视角和企业视角入手进行相应的研究。在消费者视角方面，阿克（1991）将品牌权益分为品牌知晓度等五个方面，并于1996年提出测量品牌权益的十大要素，即忠诚、感知质量、领导力等。凯勒（1993）将品牌权益分为品牌认知和品牌形象两个维度。拉瑟（Lasser）等（1995）将品牌权益分为产品表现、社会形象等六个因素。

在企业视角方面,莱恩(Lane)等(1995)认为股票价格与品牌知名度密切相关。马登(Madden)等(2006)、杨(Yeung)等(2012)研究品牌价值和股票价格关系时,发现表现突出的品牌所带来的回报会显著高于其他表现较差的品牌。威尔斯(Wiles)等(2012)研究发现股票价格与品牌转让协议、品牌名称显著相关。这些研究表明品牌权益会对股票价格等资本市场产生重要的影响。

(二)零售商品牌权益的测量

凯勒(1998)认为零售商品牌权益作为一种权益,应包含零售商认知等内容。阿内特(Arnett,2003)将品牌权益划分为商店忠诚、名称认知、服务质量和零售商联想四个维度,并将零售商联想划分为产品质量和感知价值两个维度。哈特曼和斯皮罗(Hartman,Spiro,2005)将零售商品牌权益界定为由零售企业以往营销努力所引起的消费者在商店知识方面对零售品牌的差异化反应效果,并将零售商品牌权益分为商店认知、商店忠诚和店铺形象三个维度。帕普和奎斯特(2006)将零售商品牌权益分为零售商认知等四个维度,其将零售商认知界定为消费者对零售商的一种感知和联想,将零售商联想界定为与零售商相关的一切想象,将零售商感知质量界定为消费者对零售商产品质量是否过关的一种判断,将零售商忠诚界定为对零售商的一种偏爱。

国内学者吴锦峰等(2010)将零售商品牌权益界定为由零售企业以往的营销努力所引起的消费者在商店知识方面对零售品牌的差别化反应效果,并将零售商品牌权益分为零售商认知、零售商联想、零售商感知质量、零售商忠诚四个维度。黄天龙等(2014)将电商化转型零售商品牌权益界定为电商化转型零售商在实体与网络双零售渠道的营销努力下共同引起的、消费者对其双渠道品牌营销的总体差异化感知。汪旭晖等(2015)将零售商品牌权益界定为消费者的品牌先验知识引起的消费者对零售商营销互动的差异化反应,并将零售商品牌权益分为零售商认知等四个维度。汪旭晖等(2017)在研究在线评论对多渠道零售商品牌权益时,将零售商品牌权益界定为消费者对特定品牌零售商的差异化反应,并将零售商品牌权益分为零售商认知、零售商联想、零售商感知质量、零售商忠诚四个维度,此为多维零售商品牌权益的测量方式。

在整体零售商品牌权益的测量上,奥沙瓦等(2001)认为基于消费者品牌权益之上的品牌认知等可以扩展到零售商品牌权益的测量,并将零售商品牌权益作为单个维度进行测量。怀特等(2013)在研究多渠道零售商品牌权益的服务效应时,将零售商品牌权益作为一个整体,并用"即使其他的零售商与该零售商有相同的特征,我将仍然偏好在该零售商处购买"等五项进行测量。国内学者吴锦峰等(2016)在研究多渠道整合对零售商权益的影响时,将零售商品牌权益作为单个维度变量,其认为可用将零售商与同类零售商进行比较时的差异化来测量,并参照怀特等(2013)的量表,用"我将仍然偏好在该零售商处购买"等五项进行测量。

综上所述,由于零售服务与有形产品存在较大的差异,在对零售商权益进行界定时要考虑零售品牌和零售企业的双重认知,本书参照哈特曼和斯皮罗(2005)的研究,将零售商品牌权益界定为由零售企业以往营销努力所引起的消费者在商店知识方面对零售品牌的差异化反应效果。在零售商品牌权益的测量上,由于涉及不同渠道,因此本书将零售商品牌权益作为单个维度,研究整体的零售商品牌权益,参照怀特等(2013)进行测量。

第三节 实体店形象和涉入度

一、实体店形象

(一)实体店形象的界定

马蒂诺于1958年首次将"形象"概念引入零售领域。阿伦森(Arons,1961)将店铺形象界定为一种对于人们而言具有多重意义的复合体。林德奎斯特(Lindquist,1974)认为零售商形象是消费者在店铺感受到的一种组合,这种组合涉及有形的功能因素和无形的情感因素。马佐斯基和雅各比（Mazursky, Jacoby, 1986）则从零售店形象的发展过程来界定零售店形象，其认为店铺形象应该具有下列特征：①一组认知或情感；②由推论而得知的一种结果；③对某种现象的一组既存知觉或记忆；④代表某些知觉或记忆对个人的表征意义。凯维尼和亨特（Keaveney, Hunt, 1992）从主观印象的视角入手，将零售商形象界定为消费者对店铺整体印象的感知，是一种主观印象。布罗姆和吕泰尔（Bloemer, Ruyter, 1998）将店铺形象界定为消费者感知到的各种特征因素的总和。阮和勒布朗（Nguyen, Leblance, 2001）在总结前人的基础上，将店铺形象界定为消费者基于过去与商店互动的行为而形成的一系列对商店或企业的态度和信念。

汪旭晖（2007）在研究店铺形象对自有品牌与购买意向的影响时将零售店铺形象界定为消费者对店铺产品等进行的一系列的评价。吴锦峰和胥朝阳（2010）在研究店铺形象对零售商权益的影响时，将店铺形象界定为消费者所感知的店铺不同属性的组合。吴洪刚（2013）在研究实体店形象对网上购物的影响时，认为零售店形象源于消费者的主观印象和感知，体现了无形的情感性和有形的功能性特征。

综上所述，在实体店形象的界定上，学者们从最初的态度视角界定，到后来的过程视角界定，再到主观印象进行界定。本书将实体店形象界定为消费者对店铺印象的整体感知。

（二）实体店形象的维度

由于商店类型不同，所以实体店形象这个名词，并不是由固定的维度构成，而是一种多维度的观念。马蒂诺（1958）在总结零售店形象时，将零售店形象分为地点、价格、商品等因素。在此基础上，林德奎斯特（1974）将商店形象进一步分为九个维度，如商品、消费者、便利性、服务、广告与促销等。此后，乔杜里（Chowdhury）等（1998）将商店形象分为员工服务、品质、产品款式、氛围、方便性、价格六个维度，并用实证的方法进行证明。唐和坦（Thang,

Tan, 2003）将商店形象分为产品、服务、氛围、便利性、声誉、促销、设施和售后服务八个维度。虽然上述有关实体店形象的维度存在一定的差异，但都建立在林德奎斯特（1974）有关实体店形象维度划分范围内。此外，贝克和格雷瓦尔（Baker, Grewal, 1994）在研究商店氛围对质量的推论和对实体店形象的影响时，将实体店形象分为"该实体店是一个很好的购物地点、该实体店的氛围很好、该实体店很清洁、该实体店很吸引人"四个题项进行测量。包（Bao）等（2011）在研究私有品牌的动机时，将实体店形象分为"总体而言，我对该零售商有好感；该零售商是一个高水平的零售商"等七个题项进行测量。

汪旭晖（2007）在研究店铺形象对购买意向的影响研究时，将零售店铺形象分为商品整体形象、服务形象等六个维度。杨宜苗（2009）在研究店铺形象对消费者感知价值与交叉购买意愿影响时，将店铺形象分为商品、服务、价格等八个维度。周飞（2012）在研究社会互动对企业业绩的影响时，将零售店铺形象分为自我关联、服务、备货、环境四个维度。吴洪刚（2013）在研究实体店形象对网上购物行为影响时，将实体店形象分为实体店空间形象、实体店价格形象、实体店氛围形象、实体店服务形象、实体店产品形象五个维度。肇丹丹（2015）将实体店形象分为便利性、价格、服务和产品四个题项进行测量。

学者们在实体店形象的测量上并没有统一的维度。本书在测量实体店形象时，将其作为消费者对实体店整体的一种感知，是一个单维变量。因此，在测量上，参照包等（2011）的量表，将实体店形象分为七个题项进行测量。

二、涉入度

（一）涉入度的界定

涉入度最早由谢里夫和肯切尔（Sherif, Cantril, 1947）提出，后经学者克鲁曼（Krugman, 1965）引入营销领域。扎耶科夫斯基（Zaiehkowsky, 1985）将涉入度界定为消费者基于个人自身需求等因素从而产生的对产品感兴趣的程度，其将涉入度分为产品涉入、广告涉入及购买决策涉入三个因素。此后，学者在此基础上不断拓展，马蒂斯（Matthes）等（2013）认为涉入度是个人与感知对象的相关性（见表2-5）。

表 2-5 涉入度的界定

作者	定义
谢夫曼和卡努克（Schiffman, Kanuk, 1983）	涉入度是指消费者对特定决策关心并认可的程度
扎耶科夫斯基（1985）	涉入度是个人基于自身需求、价值观和兴趣而对产品感兴趣的程度
奈森（Nijssen, 1995）	涉入度是消费者个人的兴趣爱好、价值观等各方面的感知与产品的关联程度
乔西姆，金利和金姆（Josiam, Kinley, Kim, 2005）	涉入度是个体的一种连续且处在变化状态的内心活动
甘莫（Gammoh, 2006）	涉入度是消费者依据个人的爱好等感知与产品的关联性和重要性
马蒂斯等（2013）	涉入度是个人基于利益、目标和需求而与感知对象的相关性
宋明元等（2014）	涉入度是一种信息处理过程
朱华伟和黄印（2016）	涉入度是指在个人生活、自我态度等与社会的关系中，某一特定产品处于中心位置的程度
张锋，邹鹏和于渤（2016）	涉入度是能够反映出消费者对刺激物的关注程度与兴趣

注：笔者根据相关文献、资料整理。

由于在涉入度的界定上，学者们更多采用的是扎耶科夫斯基（1985）的界定或在其基础上进行的界定。因此，本书在界定涉入度时，选择参照扎耶科夫斯基（1985）的界定，将涉入度界定为消费者基于个人自身需求、价值观和兴趣，从而引发的对产品感兴趣的程度。

（二）涉入度的测量

目前，在涉入度的测量上，比较公认的是扎耶科夫斯基（1985）开发的个人涉入度量表及劳伦特和卡普费雷（Laurent, Kapferer, 1985）开发的消费者涉入度量表。扎耶科夫斯基（1985）认为个人、产品等是影响消费者涉入度的因素。

在此基础上,其开发了一套涉入度量表(Personal Involvement Inventory,PII)。在PII 量表中,涉入度分为三个维度,即需求、价值和兴趣,共 20 小题。劳伦特和卡普费雷(1985)在扎耶科夫斯基(1985)的基础上提出了多维度消费者涉入轮廓,其通过对影响消费者涉入度的五个变量进行测量来衡量涉入度。

此后,学者扎耶科夫斯基(1994)在 PII 的量表基础上进一步修正,将 PII 量表从 20 个题项减到 10 个,称为修正后的个人涉入度量表(Revised Personal Involvement Inventory,RPII),其主要由两个维度[即认知涉入程度(cognitive involvement)和情感涉入程度(affective involvement)]组成,其中认知涉入程度由重要性、相关性等五个因素构成,情感涉入度由有趣味的、令人吸引的、迷人的等五项构成。凯尔(Kyle)等(2004)在总结前人的基础上,将涉入度分为相关性、重要性、愉悦性、中心性四项。考克斯(Cox,2009)则从主观知识和认知需求来测量涉入度。刘等(2014)在研究思维导向型客户涉入度时,将其分为社交能力、文化能力等五个维度(李英等,2015)。国内学者在涉入度的研究中,更多选择将涉入度分为高涉入度和低涉入度进行试验研究。例如,宋明元等(2014)在研究涉入度对品牌体验与购买意愿间关系时,将涉入度分为高涉入度和低涉入度,发现品牌涉入度越高,品牌体验对品牌态度等影响越显著。张锋、邹鹏和于渤(2016)在研究附属产品促销定价对消费者价格评估的影响时,将涉入度分为高涉入度和低涉入度。本书在涉入度的测量上参照扎耶科夫斯基(1994,1985)进行测量的研究。

第四节 感知零售商服务能力

一、服务能力

洛夫洛克(Lovelock,1992)将服务能力界定为在某一段时间内企业员工利用企业的设备等一系列设施进行相应生产的能力。彼得(Peter,1994)在研究排队问题时将服务能力界定为企业满足客户需求时的接待能力。艾琳(Irene)

等（1999）就服务组织平衡供需的能力问题进行研究，提出了响应策略主张。杨和维西亚纳（Yang，Veciana，2004）首次将服务能力用于 P2P 的研究中。贝里曼和马蒂桑（Berghman，Matthyssens，2006）在对 600 家德国企业进行研究时，将企业服务能力界定为企业为满足消费者和市场需求开发能力的组合。安德森等（2006）认为，服务能力的本质是帮助企业实现自身的价值主张。菲茨西蒙斯（2013）认为服务能力是指大型服务商向消费者进行服务传递的能力，其大小取决于服务企业可用资源的数量。

国内学者彭泗清（2004）将服务能力界定为企业为用户提供与交易关系相配套的能力，他认为杰出的服务组织应该具有以下特质：提升企业的服务理念，了解消费者期望，设计优秀的服务产品，改善服务系统，提升服务人员的胜任能力。冯俊和冉斌（2006）认为服务能力的大小取决于服务设施状况、员工数量等，具体表现在一线服务部门、服务团队和服务人员个人三个层次，并从绩效盈利、员工忠诚、消费者满意三个方面建立服务能力测评指标体系。

二、电子商务服务能力

哈洛韦尔和施莱辛格（Hallowell，Schlesinger，2000）通过构建技术中介服务的研究框架，研究其对服务利润的影响。其中，技术中介服务模型的左侧变量为界面能力、外部服务质量、价值、消费者满意、消费者忠诚，右侧变量为收益增加、利润。罗斯（Roth，2001）将战略性电子商务运营选择与电子商务目标市场相结合，研究其对利润的影响。其认为电子商务目标市场和战略性电子商务运营选择的匹配，会影响关键购买因素的黏性，进而影响相对让渡价值，导致消费者忠诚度和重复购买倾向受到影响，并最终对利润产生影响。恩格（Eng，2008）在研究互联网环境下的企业电子商务消费者服务能力时，提出从消费者导向、服务导向和市场导向三个角度进行企业电子商务消费者服务能力开发。奥利维拉（Oliveira）和罗斯（2012）在研究 B2B 电子商务服务能力时，将 B2B 电子商务服务能力分为电子商务服务补救、电子商务定制化、导航性、服务综合性、信息丰富性五个维度，并开发相应的量表进行测量。国内学者赵丽和陈琴（2009）认为服务态度、回应速度及承诺履行对消费者网上购物有重要的影响,其建议通过服务态度、回应速度及承诺履行来测量 C2C 电子商务零售商的服务能力。

三、感知零售商服务能力

目前,有关零售商服务能力的研究较少。吴雪(2014)在研究消费者从实体店向网络商店进行迁徙时,将感知网上服务能力界定为消费者对多渠道零售商的网络商店有效和高效传递服务才能的评价,其通过访谈将感知网上服务能力分为五个维度。

此外,部分学者选择从整合能力的视角研究服务能力,如国内学者吴锦峰等(2014)在研究多渠道整合质量时,将其分为服务构造透明度、信息一致性、业务关联性、过程一致性。吴锦峰等(2016)在研究多渠道整合对零售商权益的影响时,则将其分为促销信息整合、产品与价格信息整合、交易信息整合、信息获取整合、订单履行整合、消费者服务整合六个维度。

由于在感知零售商服务能力方面,并没有明确的定义,本书在参照奥利维拉和罗斯(2012)对 B2B 电子商务服务能力界定的基础上,结合吴雪(2014)的研究将感知零售商服务能力界定为消费者对多渠道零售商有效传递服务才能的评价。在对感知零售商服务能力的测量上,由于没有直接可用的量表,本书参照丘吉尔(1979)的方法进行感知零售商服务能力的量表开发。

互动作为一种营销活动,其核心之一就是双向沟通与信息交流。前期,学者们分别从组织行为学和电子商务视角研究企业-消费者互动对企业业绩的影响及在不同的虚拟网络系统中对消费者行为的影响。在零售商品牌权益的研究方面,国内外学者从消费者视角和企业视角分别研究其对消费者态度、企业业绩、现金流等的影响。在互动与零售商品牌权益的关系上,虽然学者们认为互动作为一种营销刺激会对零售商品牌权益产生影响,但关于如何影响,特别是中间的机制问题,学者们并没有深入研究。通过对相关学者的研究成果进行分析,本章在梳理文献的基础上,提出本书的研究变量并对相应的变量进行界定,为后续的相关研究提供了理论基础。

第三章 理论基础与研究模型

随着互联网信息技术的发展，消费者在不同渠道间进行信息搜索和购物，与消费者进行互动对企业而言变得越来越重要。在网络环境下，消费者无法亲身体验，这就需要企业从"情感体验"入手，通过彼此交流，使消费者更好地了解零售商的能力，增强消费者与零售商的情感，使零售商品牌权益最大化。本章以认知不协调理论、刺激—机理—反应原理为基础，构建企业-消费者互动对零售商品牌权益的影响研究模型。通过预调研进行问卷的初步检验，为正式大样本问卷调查奠定基础。

第一节 理论基础

通过理论可以找到解决具体事件的方法，通过阐述变量与变量的关系，可以解释变量与变量之间的结果。本书以认知不协调理论、刺激—机理—反应模式、信任理论和体验理论为研究框架，通过从不同角度研究变量之间的关系并解释研究中的问题，促进理论之间相互联系和补充。

一、认知不协调理论

（一）认知不协调理论的基本观点

认知不协调理论最早由美国社会心理学家费斯汀格（Festinger）于20世纪50年代提出，其认为认知与环境、自我等因素相关，存在不相关、协调和失调三种关系，其认为不相关强调彼此之间不存在关联性，协调强调彼此之间是统一的，失调强调的是彼此之间是对立的和孤立的（Festinger，1957）。

在日常生活中，当人们面对新出现的问题与自身的经验不匹配时，失调就会产生，具体表现为逻辑不一致、文化习俗不一致、认知上的不一致及经验上的不一致。科勒和萨尔茨堡（Koller，Salzberger，2012）认为，失调会让人感到厌恶，因此人们会努力避免或消除失调，以致在某些特定的条件下，人们会主动避免可能增加失调的情形。然而，失调仍然难以避免。当出现认知失调时，人们倾向于改变行为，使其符合态度认知；或改变态度，使其符合行为；或采用新的认知元素，使原有的失调降低。

费斯汀格（1957）在阐述认知不协调理论时还提出，失调程度的重要性对个人来说是不一样的，如果两个元素之间是失调的关系，那么认知元素会随着其重要性而产生不同程度的认知失调。其认为认知不协调的强度取决于认知元素与个人生活的重要性及不协调认知数目与协调认知数目的比例。西蒙（Simon）等（1995）认为，通过削弱与自身相关的重要性，让实物与自身相关的重要性变得不再重要，有利于降低消费者的失调感。此外，通过改变行为，或改变环境，或增加某一特定元素相协调的认知环境，会削弱或解决不协调。

此外，认知不协调理论还引起了心理学等相关领域学者的高度关注。库珀和法齐奥（Cooper，Fazio，1984）认为，个人之所以会出现失调，一个主要的原因是在某一个过程中出现自身无法想象的结果，这种结果颠覆自己的认知。此外，还有一些学者提出认知失调的替代理论，如自我知觉理论、印象整饰理论。自我知觉理论强调的是人们的一种自我理解，而印象整饰理论则认为人们试图管理和控制他人对自己所形成的印象的过程。

（二）认知不协调在营销学中应用

自费斯汀格提出认知不协调理论后，学者们开始利用认知不协调理论对现实生活中存在的一系列问题进行相应的解释。目前，学者们主要从以下几个方面来研究营销学的问题。

1. 基于消费者购后失调的研究

克拉克（Clark）等（2004）研究发现，当购物者认为自己所购买的产品是比较合乎自己的心意而不是随意乱花钱时，失调感就会降低。因此，在企业进行相应促销时，企业应该努力让购物者认识到所花费的钱是合理的，通过这种方式提升消费者对企业的忠诚度。奇斯纳尔（Chisnall, 1985）提出，消费者为降低自身的失调感，往往会选择一些对自己有利的信息。阿萨尔（Assael, 1992）在研究消费者购物失调时发现，消费者往往会选择寻求一些对自己有利的方式来获取心理上的平衡。

2. 基于相关广告的研究

恩格尔（Engel, 1963）以雪佛兰汽车广告为例研究消费者购后失调。研究发现，当消费者产生认知失调时，消费者会努力寻找相关的信息进行支持。企业广告传递的积极有效的信息，能够让消费者减轻或者避免购后失调，进而增加他们对企业的信心。

国内学者陆红梅和张广宇（2004）在研究认知不协调理论在软广告心理效应的作用时，认为要使受众改变态度，宜制造认知失调；而要使受众接受某观念，则要尽量避免认知失调。

3. 在多渠道情境中的应用

随着消费者多渠道购买行为的迅速发展，学者们开始在多渠道情境下应用认知不协调理论研究多渠道零售和多渠道购买行为。权（Kwon）等（2009）在研究多渠道零售情境下企业品牌形象的转移时，发现线上品牌形象向线下进行转移的过程中，出现品牌形象与消费者自身的认知不一致时，就会出现失调。

而消除失调最好的方法就是改变自身的方法和减弱其影响。琼斯和金姆（Jones，Kim，2010）认为，当消费者对品牌的态度在不同的渠道间趋于相近时，消费者就可以最大限度地减少失调。萨维奥特和罗曼（Sabiote，Roman，2012）在研究多渠道情境下消费者忠诚的影响因素时，认为消费者通过之前在实体零售店中的购买经验所形成的印象来判断该零售商网店产品质量，当两者不一致时会产生失调，并最终影响消费者对零售商的忠诚度。

国内学者吴锦峰等（2014）在研究多渠道整合质量对线上购买意愿的作用时，选择认知不协调理论来解释多渠道整合质量对线上感知价值的影响，其认为当线上商店由于某些属性实际表现较差而使消费者体验到线上与线下信息不协调时，消费者会以偏见的方式感知线上表现以降低这种心理不适。

综上所述，认知不协调理论作为心理学中最重要的理论之一，在营销领域得到了大量的发展，特别是在购后失调等领域，得到了蓬勃的发展。本书将以认知不协调理论为理论基础，对企业-消费者互动和零售商品牌权益进行深入的研究。

二、刺激—机理—反应模式（S-O-R 模式）

（一）刺激—反应模式（S-R 模式）

刺激—反应模式认为人类的复杂行为可以分解为刺激和反应两个部分，人的行为完全是大脑对刺激物的反应。该模式认为刺激主要来源于身体内部的刺激和体外环境的刺激，而反应是随着刺激而呈现的。基于这一原理，霍华德和谢思（Howard，Sheth，1969）提出了消费者的刺激—反应模式，其认为外部的刺激会嵌入消费者的意识，然后根据消费者自身的特征（如学习结构、感知结构等）作出购买决策。外部刺激涉及产品质量、产品价格、产品特性、产品的可用性和服务等企业活动，此外，外部刺激还涉及消费者自身的文化、个性、财务及家庭和相关群体等的因素。所有的刺激活动在消费者接受后，经过心理加工如消费者自身的学习结构等，作出反应，决定是否进行最终的购买。

该模式将消费者购买行为分为三个阶段：一是刺激物，具体包含产品实体刺激、产品符合刺激和社会环境刺激；二是消费者内在因素，包括消费者感知和学习；三是消费者反应或产出因素，具体涉及消费者最终的购买和拒绝。此外，该模式将购买决策分为三类，即广泛性问题解决、有限性问题解决、常规性问题。其中，广泛性问题解决强调的是消费者没有特定品牌偏好，通过搜集海量的信息来解决问题；有限性问题解决是指消费者依据有限的信息或对自身对品牌的偏好，利用有限的信息进行问题的解决；常规性问题解决是指消费者对品牌比较忠诚，不再进行信息搜集，更多依靠消费经验来决定。

（二）刺激—机理—反应模式（S-O-R 模式）

由于刺激—反应模式将个体的内心活动视为一个"黑箱"，在研究过程中忽略了人的主观能动性，因而遭到了猛烈的批评。此后，新行为主义开始修正 S-R 模式，在 S-R 之间增加了一个中介变量 O，形成 S-O-R 模式，其中 S（Stimulus）代表对个体的刺激，O（Organism）代表反应的主体，R（Response）代表刺激带来的反应。贝尔克（Belk，1975）在研究情境变量与消费者行为关系时，将 S-O-R 模式应用其中，将刺激因素归为情境和商品，将反应主体归为消费者，将刺激带来的反应归为行为。此后，彼特勒（Bitner，1992）在研究服务环境对消费者和雇员的影响时，将 S-O-R 模式引入其中，并用 S-O-R 模式来解释消费者和雇员行为的内心活动，其认为消费者和雇员对外部刺激会产生认知（信念、分类、符合、意义），情感（态度、情绪）和身体（痛苦、舒服、移动、实体相符）上的反应，进而迫使雇员和消费者对环境作出趋近和趋避的选择。

（三）刺激—机理—反应模式在营销学中的应用

菲奥里和金姆（Fiore，Kim，2007）在总结前人研究的基础上，基于实体购物经验，提出综合化的刺激—机理—反应模型，认为刺激是一种动力，这种动力能够影响认知、情感过程和感知价值，其将刺激分为环境线索（如音乐、光线照明、气味和气温）、设计线索（如颜色、空间尺度）和社会线索（如拥挤和数量、雇员的友好性），并进一步认为反应的主体或机理在刺激和消费者反应之间起中介作用，情感状态和认知状态在购物环境线索和消费者行为之间起中介作用，而感知价值作为一种重要的机理，其来源于一系列的环境。消费者反应包含实际的资源消耗、感知的资源消耗、行为意向及满意和忠诚。

在线上购物环境中，反应的主体和反应方式与实体店购物类似。线上购物刺激因涉入复杂因素较多而不一样，它们包括相关任务线索（如导航和信息质量）、相关心情线索（如视觉的吸引力）（Parboteeah et al., 2009）、虚拟商店的布局（Manganari et al., 2011）、商店氛围（Eroglu et al., 2003）、彼此沟通（Huang, 2012）、网站质量（信息质量、系统质量和服务质量）（Hsu et al., 2012）、图像交互技术的水准（Fiore et al., 2005）、网站品牌（Chang, Chen, 2008）。此外，有关线上购物环境社会因素的研究正随着社会网络和虚拟社区而增加（Shen et al., 2010）。感知熟悉度、感知相似性、感知善意性影响着社会网络和虚拟社区背景下的主体。

此外，刺激—机理—反应被广泛应用在了不同的背景中。埃罗格鲁（Eroglu）等（2001）在研究在线零售氛围质量对消费者反应的影响时，发现高任务相关线索（如产品描述、价格、交付和返回的政策、导航辅助设备）和低任务相关线索（如颜色、背景模式、卡通人物、音乐和声音）会通过情感和认知的状态影响消费者趋近和规避。埃罗格鲁等（2003）发现线上的氛围（如音乐、颜色、商店的装饰）会影响消费者愉悦度和唤起那些有助于消费者对线上商店接近或规避的情感。郑（Jeong）等（2009）在研究产品陈列特征刺激对主体的体现价值时，发现消费者愉悦和唤起的情感有助于强化其光顾意图。帕博迪埃（Parboteeah）等（2009）在调查网站界面时发现网站页面（刺激）通过对消费者认识反应（感知有用性）和情感反应（感知愉悦性）进行影响，达到最终影响消费者购买冲动的结果（见表3-1）。

表 3-1 刺激—机理—反应模式应用的总结

作者	自变量	中介	因变量	结论
埃罗格鲁（2001）	线上环境线索：高任务、低任务	情感、认知	趋近、规避	提出虚拟商店氛围质量检验的概念模型，通过利用商店氛围线索影响消费者认知和情感，进而使利用虚拟商店进行趋近或规避
奇尔德斯（Childers）等（2002）	导航、便利、替代经验	有用性、易用性、享乐性	零售网站互动媒介的态度	导航、便利和个人检验产品的替代使互动媒介成为一种情感、便利、感知愉悦性。反过来，导航、便利和个人检验产品的替代性也会影响消费者对零售网站媒介的态度
埃罗格鲁（2003）	网站氛围	愉悦、唤起	满意、趋近或规避行为	网站氛围（如音乐、颜色、商店装饰）影响消费者的愉悦性并唤起消费者对上商店的满意情感及消费者对网站的愉悦性和唤起性或规避行为。涉入度和气氛反馈调节网站的愉悦性
菲奥里等（2005）	形象互动技术、临场感	使用价值、体验价值	消费者对线上零售商的态度、消费者从线上零售商进行购买的意愿、消费者惠顾的意愿	零售商网站提供的形象互动技术会对消费者临场感产生影响。形象互动技术和临场感水平是体验价值和使用价值的预测器，其与消费者对线上零售商的态度、消费者惠顾和购买意愿呈正相关关系
帕克，伦诺和斯图尔（Park, Lenno, Stoel, 2005）	产品陈列	心情、感知风险	购买意愿	商品陈列（形象尺寸和商品移动）会给消费者带来积极的情绪，降低感知风险；而积极的情绪和较低的感知风险会导致购买意愿

续表

作者	自变量	中介	因变量	结论
霍尔茨瓦特、亚尼塞夫斯基和诺伊曼（Holzwarth, Janiszewski, Neumann, 2006）	形象化符号的呈现、形象化符号的类型	愉悦的信息化场所、令人喜爱的可信性形象化符号	对零售商的满意度、对商品的态度、购买意愿	形象化符号的呈现增加了场所的娱乐价值和信息价值，影响了消费者对零售商的满意度、对商品的态度和购买意愿。当消费者产品涉入度爱好和态度处于中等水平的时候，一个吸引人的形象化符号更有效；然而，当消费者处于高水平的产品涉入度时，一个专业的形象化符号会更有效
张和陈（Chang, Chen, 2008）	网站质量、网站品牌	信任和感知风险	购买意愿	网站的质量和品牌与消费者信任和风险积极相关。同时，网站的质量和品牌会对消费者的购买意愿产生影响
金姆和列侬（Lennon, 2008）	视觉和语言信息	感情和认知态度	购买意愿	视觉和语言信息对消费者情感和商品的认知态度有显著的影响，语言信息对购买意愿直接影响显著
郑等（2009）	商品陈列特征	娱乐性、教育性、逃避现实性、美学性、愉悦性和唤起性	光顾网站意愿	网站特征会影响娱乐、逃避现实性和审美体验。此外，网站还会影响情感和唤醒、愉悦性、唤起性、娱乐性和审美体验都会直接影响网站光顾意愿
杨和吴（2009）	临场感	实用价值、享乐价值	满意度、购买、再次浏览	形象互动技术所产生的临场感对实用价值和享乐价值具有重要的影响。这两个价值会影响电子购物的满意度，进而影响消费者购买意愿和再次浏览意愿
哈里斯和古德（Harris, Goode, 2010）	美学诉求、布局、功能、财政安全	网站信任	购买意愿	美学诉求、布局、功能和财政安全对网站的信任有显著的影响。美学诉求通过设计创意、视觉诉求和功能可用性、信息关联性、定制性、互动性。财政安全由感知安全和易支付构成

— 35 —

续表

作者	自变量	中介	因变量	结论
江（Jiang）等（2010）	活动控制、交互传播	认知涉入度、情感涉入度	购买意愿	网站互动由活动控制和交互传播进行测量，其能影响消费者认知涉入度和情感涉入度，进而增强消费者购买意愿
徐（Hsu）等（2012）	信息质量、系统质量、服务质量	感知娱乐性、感知沉浸性	消费者满意、购买意愿	网站质量由信息质量、系统质量和服务质量组成，其作为感知娱乐性、感知沉浸性的一种重要预测器。对线上旅行社流动性的满意度和购买意愿有重要影响。感知愉悦性和感知流动性是相互的
黄（2012）	活动控制、交互传播、社会身份	情感涉入度、沉浸性、认知涉入度	购买意愿	消费者在社交网站上的互动特征（由活动控制和交互传播进行测量）和社会特征（由社会身份进行测量）是消费者涉入度和沉浸体验的预测器，这种特征有助于增强消费者对网络社交平台虚拟产品的购买意愿
孙锐和李星星（2017）	矛盾性追评（好评—差评、差评—好评）	产品涉入度、评论发布者可信度	消费者购买意愿	研究发现矛盾性追评的评论顺序对消费者购买意愿影响显著，评论顺序、产品涉入度和评论发布者可信度对消费者购买意愿的交互影响显著
梁阜、李树文和孙锐（2017）	组织学习	组织承诺	组织创新绩效	研究发现组织承诺在组织学习与组织创新绩效之间起完全中介作用。组织情绪能力在组织学习与组织承诺之间起正向调节作用。环境竞争性在组织学习与组织情绪能力之间起正向调节作用

注：笔者根据相关文献，资料整理。

综述所述，在社会购物背景下，由于各种类型的社会因素和网站设计因素被整合成刺激因素激活消费者价值感知和情感，促进了消费者对零售商的进一步认知，提升了零售商自身的品牌权益。本书以刺激—机理—反应模式为依据研究企业-消费者互动与零售商品牌权益之间的关系。

三、信任理论

信任理论认为信任来源于互动，个人之间的互动是所有社会构成的起点。该理论认为，现代社会中占支配地位的互动形式或社会关系是交换。

依据信任理论，信任作为交换的一个最重要的条件，不仅包含消费者对零售商的信任，也包括消费者对线上购物交易方式的信任。达斯和邓（Das, Teng, 1998）、程振宇（2013）研究发现，信任有助于消费者与零售商之间进行合作，有利于双方降低交易成本和投机行为。而信任建立则需要消费者与零售商之间反复的沟通和交流，只有当消费者与零售商进行不断的沟通互动后，彼此间才会出现信任并最终完成交易。

此外，李等（2007）研究发现，信任可以从一个可信的客体转移到陌生的客体上，反之亦然，即信任存在传递或转移。他将信任传递的过程分为渠道内的信任传递和渠道间的信任传递两类。其中，渠道内的信任是指在同一渠道情境下，消费者对一种产品或服务的信任会影响对另一种产品或服务的信任。渠道间的信任传递是指消费者在不同渠道之间进行信任转移。

学者王国顺和杨晨（2014）在李等基础上，结合消费者信任形成因素将渠道内的信任传递分为线上渠道之间的传递和线下渠道之间的传递两部分，将渠道间的信任传递分为线下渠道到线上渠道间的信任传递和线上渠道到线下渠道间的信任传递两部分。

在渠道内的信任传递研究上，斯图尔特（Stewart, 2003）在研究线上渠道之间的传递时，发现当一个知名网站链接一个陌生网站时，消费者对知名网站的信任可以通过超链接转移到陌生网站。其中，网站之间的相似性、消费者的信任水平和第三方的认证识别商标等会影响线上渠道之间的传递。金玉芳等（2006）则在研究消费者品牌信任机制建立时，提出经验机制、计算机制和传递机制。其将品牌信任的转移机制界定为由施信方了解的实体传递到其不了解的实体。

在渠道间信任传递的研究上，李（2007）以银行业为研究对象，研究发现用户对实体银行的信任会影响该用户对电子银行的沉浸体验、结构保证、网站满意度和继续使用的程度，进而影响用户对电子银行的感知。库安和博克（Kuan，Bock，2007）在研究多渠道情境的网络信任时，发现消费者对零售商实体店的信任会影响消费者对网站信任的建设。杨等（2008）在构建信任传递模型时，发现消费者对零售商实体店的信任会直接或间接地影响其对网站的初始信任。哈恩和金姆（Hahn，Kim，2009）以服装店为研究对象，研究发现消费者对服装店实体店的信任会影响网上的购买信心。巴德里那亚南（Badrinarayanan）等（2012）以条件反射为依据，构建消费者态度和信任传递模型，研究发现消费者对实体店的信任会影响其对网点的信任。学者林家宝等（2010）在研究网上证券服务的信任与移动证券服务的初始信任时，发现网上服务证券不仅直接影响移动证券服务的初始信任，而且通过感知易用性、结构保证、便利性等间接影响移动证券的初始信任。万君等（2015）在研究信任转移视角的移动购物用户接受行为时，发现传统互联网购物信任不仅直接影响移动购物的初始信任，而且通过感知易用性、结构性保障等间接影响移动购物信任。吴锦峰等（2016）在研究多渠道整合对零售商权益的影响时，将消费者对商店的态度，分为线上商店态度和线下商店态度，研究发现线下商店态度会对线上商店态度产生影响，两者共同影响整体零售商权益。

综上所述，学者们从不同的角度对信任进行了深入的研究，积累了丰富的成果。由于互联网的虚拟性，消费者感知到的风险和交易成本更高，渠道间信任的传递对消费者作出决策和提升零售商的品牌权益具有重要的作用。本书认为，在多渠道零售背景下，渠道间的信任转移对削减消费者感知风险、提升消费者对零售商服务能力感知并最终提升零售商品牌权益具有重要的作用和意义。

四、体验理论

体验理论最早由托夫勒（Toffler，1970）提出，其根据环境的不同将体验分为模拟环境体验和真实环境的体验（李艳娥，2010）。随后，学者们对体验进行了大量研究，并取得了丰富的成果。

目前，学者们对体验的研究主要从经济学、心理学和管理学三个方面进行。在经济学方面，派因和吉尔摩（Pine，Gilmore，1998）将体验界定为一种独特的经济提供物。在管理学方面，施密特（Schmitt，1999）将体验界定为消费者的一种感受；拉萨尔、布里顿和特里（Lasalle，Britton，Terry，2003）将体验界定为消费者与企业之间的互动；梅耶和施瓦格尔（Meryer，Schwager，2007）将体验界定为一种个人反应。在心理学方面，奇克森特（Csikszentm，1977）将体验界定为个体在交流过程中所产生的一种感觉；洛夫曼（Lofman，1991）将体验界定为一种综合反应，这种反应包括情感等各个方面。

国内学者对体验的研究主要从管理学和心理学视角进行。朱世平（2003）认为体验是一种互动过程。郭红丽（2006）认为体验是消费者与企业之间的一种交互。温韬（2007）认为体验是互动过程中所产生情感的反应。王龙、钱旭潮（2007）认为体验是一种个人价值的现实感知。涂红伟（2013）在研究体验学习对消费者的自我效能感时，将体验界定为一种感知。涂红伟和严鸣（2014）在研究消费者"搭便车"行为影响因素时，从体验学习视角探讨外部环境和体验学习对消费者"搭便车"行为的作用，将体验界定为消费者与外部环境进行交互作用的过程。

综上所述，学者在体验的研究上主要集中在体验的概念、体验的识别与设计等方面。随着我国经济的发展、人们生活水平的提高，消费者越来越注重个性化，注重产品使用或服务享受的满足，更加关注消费者与企业之间互动的情感。而体验作为一种感知，正好满足消费者的需求，有利于削减消费者与零售商之间的心理距离，增强彼此间的信任，提升零售商的品牌权益。在产品日益丰富的今天，体验有利于零售商摆脱传统意义上质和量的竞争模式，有利于提升零售商的竞争力。同时，体验还有利于增强零售商与消费者之间的情感，拉近双方的距离，对提升零售商自身的品牌权益有重要的作用和意义。

刺激—机理—反应模式作为企业-消费者互动对零售商品牌权益关系研究的理论基础，解释了企业-消费者互动中消费者与企业之间的互动水平、互动内容如何影响零售商品牌权益。刺激—机理—反应模式通过外部环境的刺激，引发消费者主体的情感，进而导致消费者对环境作出反应。企业-消费者互动的实质是企业通过与消费者之间进行双向的交流和沟通，促进消费者对企业能力的进一步了解和认可，从而从情感上获得消费者的信任。本书以刺激—机理—反应模式为基础，构建企业-消费者互动对零售商品牌权益的影响模型。以刺激—机理—反应模式作为分析企业-消费者互动对零售商品牌权益的理论基础，有利于理解互动的内容，如互动的功能性、互动的信息化、互动的响应性和互动的自主性是如何来影响零售商品牌权益的，中介变量信任和感知零售商服务能力的引进，以及调节变量涉入度和实体店形象的添加，对完整地理解多渠道零售环境下企业-消费者互动对零售商品牌权益的研究有重要的作用。

体验理论是感知服务能力在企业-消费者互动与零售商品牌权益起中介作用的研究基础。由于体验是消费者接触产品或服务、对零售商进行初步了解的初始点，因此提升消费者体验，让消费者更好地认知和了解零售商有利于增强消费者对零售商服务能力的认知，并最终提升零售商的品牌权益。而企业-消费者互动为消费者了解和认知零售商提供了平台，有利于提升消费者的情感体验，进而增强消费者对零售商感知服务能力的认可，并最终提升零售商的品牌权益。特别是在网络购物过程中，由于信息不对称和搜索成本的提升，消费者难以准确地掌握产品或服务信息，通过零售商与消费者之间沟通，有利于消费者更好地感知零售商的服务能力，并最终提升零售商的品牌权益。

信任理论是信任在企业-消费者互动与零售商品牌权益之间发挥中介作用的理论基础。在企业-消费者互动过程中，零售商通过自身积累的声誉和品牌符号向消费者传递信任，通过承诺让消费者产生信任。因此，基于过程的信任需要在互动过程中产生，零售商可以通过向消费者作出承诺，增强消费者对零售商的信任，促进产品交易的完成。而信任传递理论认为信任可以从一个可信的客体转移到陌生的客体上，反之亦然，即信任存在传递或转移。企业－消费者互动，有利于增强线上信任，并通过线上信任将信任传递到线下。认知不协调理论认为，当个体接收到的信息与已知的信息不一致时，他们就会产生失调。为减少失调，消费者会拒绝新的一致性信息或以偏见同化的方式译成一致的信息。当互动带来消费者对线上零售商网站认同性较高，对线上零售商较信任时，会对线下实体店和零售商形成良好的印象，促使他们以积极的方式感知和认同实体店的表现并表现出对线下零售商的信任。因此，本书选择信任和感知零售商服务能力作为中介来研究企业－消费者互动对零售商品牌权益的影响。

第二节　本书的研究模型

本书在综合以上理论和研究文献的基础上，形成企业－消费者互动对零售商品牌权益的影响的研究模型（见图 3-1）。其中，自变量为企业－消费者互动，

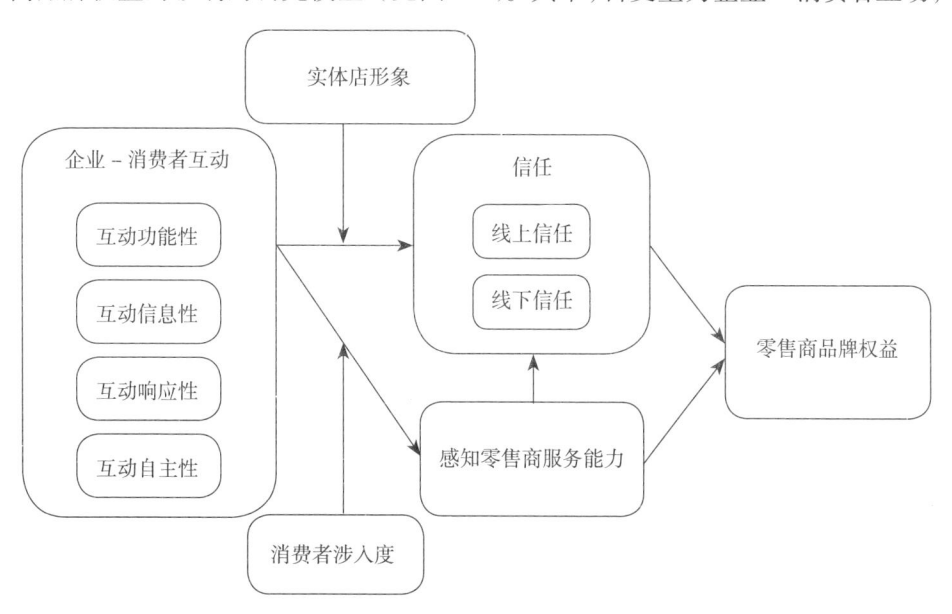

图 3-1　企业－消费者互动对零售商品牌权益研究模型

因变量为零售商品牌权益，中介变量为信任和感知零售商服务能力，研究企业－消费者互动是通过信任、感知零售商服务能力来影响零售商品牌权益的。在研究过程中，引入调节变量实体店形象度，研究其在企业－消费者互动与信任之间的调节作用，并通过响应的数据进行验证。同时，将消费者涉入度引入企业－消费者互动与感知零售商服务能力的研究过程中，研究消费者涉入度在企业－消费者互动与感知零售商服务能力之间的调节作用。

第四章 感知零售商服务能力的量表开发

由于在感知零售商服务能力的测量上，并没有成熟的量表，因此本书在对感知零售商服务能力的测量上采用量表开发的方法进行测量。在对感知零售商服务能力的概念进行界定的基础上，采取访谈的方法进行定性研究。

第一节 消费者定性访谈

本书选择80位具有在多渠道零售商实体店和网店购物的消费者进行访谈，其中男性39人，女性41人，比例约为1:1，包括公司员工、公务员、教师和大学生等主体，涉及国美、苏宁、大润发、银座等多个零售商。访谈方式采用QQ交谈、面对面交流和电话录音的方式。在访谈时，笔者作出承诺，所谈内容仅用于学术目的，在征得对方同意后，进行录音。访谈按照事先设计的提纲进行，在访谈之前通过询问被访者是否有过网店和实体店购物的经历并写下该零售商的名称来甄别受访对象，主要询问消费者对零售商服务能力的评价，零售商应该为消费者提供哪些服务，以及与其他零售商相比，该零售商的服务能力有哪些不足等。具体访谈题项见附录A。为了避免受访者敷衍，在访谈过程中，要求受访者尽可能详细地阐述，在消费者对零售商服务能力的评价上，要求消费者阐述具体原因，整个访谈过程控制在 40 分钟内。

访谈结束后，将访谈过程中进行录音的部分，转换为文本，采用内容分析法进行分析。通过反复阅读访谈内容，提炼关键语句，对语句进行整合，最后通过命名形成感知零售商服务的能力。具体做法如下：邀请三位判断者，向他们阐述感知零售商服务能力的概念。在此之后，请判断者根据自己的理解对文本每一句的关键词进行提取。如果无法提取，则认为该句不适合用来测量零售商服务能力。不适合的标准是：三名判断者中两名或三名判断者认为该句不能归纳所有类别，则将该句删除（见表4-1）。

信息能力是消费者对多渠道零售商网络商店提供的产品或服务信息能力的评价。在访谈过程中主要涉及产品的详细信息、产品的款式、产品信息的真实性和产品信息的呈现方式，如图片或文字。交易能力是消费者对零售商完成交易能力的一种评价。在访谈过程中主要涉及零售商网络商店是否能及时付款，有无较便捷的物流，出货是否快，以及是否保证消费者收到货，会不会出现发错货、不发货的状况。补救能力是消费者对零售商发生服务失误后是否能及时解决问题的评价，其涉及当消费者对产品出现疑虑时，该零售商网络商店的服务人员能否耐心地解释和回答；当交易出现问题时，该零售商网络商店的服务人员是否进行解释并解决该问题；当产品出现问题时，消费者是否能够联系到网络商店的客服；当产品需要退换时，该零售商是否能够及时地给消费者退换。整合能力是为消费者提供无缝服务体验的能力。在访谈中涉及该零售商网店支持消费者通过网站进行产品的购买，实体店进行取货；该零售商允许消费者在网店购物而在实体店退换产品；该零售商网络商店能够允许消费者使用实体店的购物卡等进行购买；该零售商网络商店能够买到许多在实体店买不到的产品。

表 4-1 消费者定性访谈结果

维度	关键语句
信息能力	我希望零售商网络商店能够提供详细的产品信息 我希望零售商网络商店能提供有关产品的款式、功能、大小、价格,这样我买起来就比较方便 我希望零售商网络商店能提供有清晰的产品图片和文字说明,图片和文字说明也能及时地更新,购买起来就比较方便 我希望零售商网络商店提供的产品信息是真实的,现在网上的假货太多,太容易上当受骗 我希望零售商网络商店能够通过视频来展示产品的形状、款式,这样看上去更清楚,如淘宝推出的 buy+
交易能力	我觉得零售商网络商店支付款方便、很普及,只需要微信或支付宝扫一扫,比网银方便很多,订单显示得也很快 我觉得零售商网络商店出货比较快,购买后没多久,就在订单中看到发货了 我觉得零售商网络商店能够保证我收到货,至今没出现不发货的状况
补救能力	在我购买时,常会出现对产品疑惑的情况,零售商网络商店的服务人员总是能够耐心地给予解释和回答 当交易出现问题时,尽管有时候可能是网络的原因,但零售商的服务人员能够进行详细的解释,一直到帮助我解决该问题 当产品出现问题时,我担心商家不会退我,庆幸的是我总是能够及时同联系到服务人员 当产品需要退换时,我担心商家不会退换,出现推卸责任的情况,但该商家能够及时地给我退换 当产品出现问题时,我希望零售商网络商店能够以适当的方式进行解决,不会对我进行堵塞
整合能力	我一直担心在零售商网络商店订购的商品无法线下取货,结果居然能线下提货,太方便了 我一直担心在零售商网络商店订的货万一出现问题不知怎么退货,但零售实体店提供线下退换服务,太方便了 我一直担心零售商网络商店不支持实体店买不到的产品的购物卡和积分卡,网购时发现是通用的 我能在零售商网络商店买到许多在实体店买不到的产品,特别是一些小玩意儿、小装饰品

第二节 感知零售商服务能力量表

一、量表的开发方法

丘吉尔（1979）认为量表的开发分为八个步骤：第一步是对概念的界定，概念的界定是后续研究的基础，本书将感知零售商服务能力界定为消费者对多渠道零售商传递服务的一种评价，并通过相应的访谈来确定维度；第二步是生成初始测量题项，通过对相关文献和消费者访谈进行分析，并参考相关专业老师的意见，对生成的测量题项进行修改；第三步是预调研；第四步是净化测量题项；第五步是正式调研；第六步是信度评估，主要采用 CR 和 Cronbach's α 进行分析；第七步是效度评估，主要采用判别信度和收敛信度；第八步是生成正式量表。具体流程如图 4-1 所示。

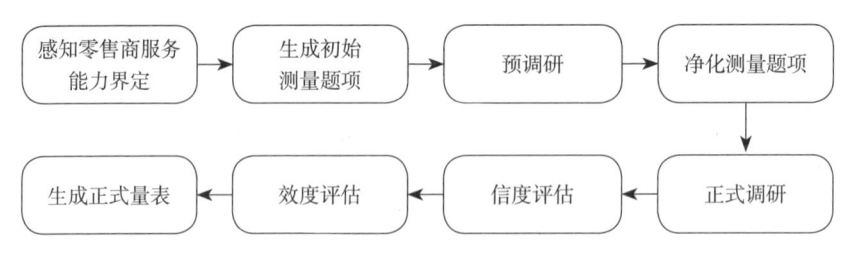

图 4-1 感知零售商服务能力的量表开发流程

二、感知零售商服务能力测量题项的生成

在对感知零售商服务能力的概念进行界定后，本书按照丘吉尔（1979）的方法，通过相关的文献和访谈的量表生成测量题项。

（一）现有文献中的相关测量

奥利维拉和罗斯（2012）在研究 B2B 情境制造企业和服务企业的电子商务

服务能力的研究时，将B2B电子商务服务能力分为电子服务补救、电子商务定制化、导航便利性、服务综合性、信息丰富性等维度。其中，电子服务补救主要由"消费者服务代表能够解决基于互联网的问题""对于网上的问题，有明确的策略来持续地提供快速和私人的服务补救""对于电子交易问题，我们具有有效和迅速的售后处理程序""我们征求消费者的反馈和意见"四项构成。电子商务定制化由"在没有服务代表的帮助下，我们的消费者能够在网上制定自己的服务""我们的消费者登录网站时能够找到个性化内容""消费者能够定制网上购物""我们努力为使用本企业B2B网站的消费者提供私人化的电子体验"四项构成。导航便利性由"消费者能够很容易地在网站上找到自己需要的内容""我们的网站为消费者提供便捷的退货流程""没有客服的帮助消费者也能够在网上定制自己的服务""消费者能够容易地使用我们的互联网系统""我们清楚，网站导航的便利性是消费者与我们交易便利性的反映"五项构成。服务综合性由"网站上提供的产品和服务补充""网站上提供丰富和互补的产品和服务""线上的产品和服务与线下提供的是互补的"三项构成。信息丰富性由"为消费者提供完整和相关的信息""网站提供详细的技术性信息""网站提供最新的有效信息""提供其他供应商的信息""我们对与合伙人交换的信息质量进行定期的投资"五项构成。

此外，朱（Zhu，2004）将电子商务能力划分为信息能力、交易能力和定制化能力。其中，信息能力由"网上提供有效的产品信息""能够帮助消费者迅速找到需要的产品""为潜在消费者提供第三方评价或消费者关于产品的质量和有用性的评价""网站能够帮助消费者寻求某一地区是否有零售商店"四项构成。交易能力由"能够让消费者在网站上下单""能够让消费者在网站上跟踪订单状态""消费者能够在网上下单然后在实体店取货""提供保障交易安全和消费者敏感资料安全的指示"四项构成。定制化能力由"企业网站能够让消费者在网上定制产品功能""企业网站允许访问者定制网上浏览内容""消费者能够在网上注册并建立个人账户""客服人员能够提供实时的在线技术支持"四项构成。

吴锦峰等（2014）将多渠道整合质量划分为服务构造透明度、业务关联性、信息一致性、过程一致性四个维度。其中，服务构造透明度由"在购物前，我了解该零售商线上和线下商店的属性""我熟悉该零售商线上和线下商店的属性""我知道如何利用该零售商线上、线下商店的属性来满足我的需求"三项构成。业务关联性由"该零售商支持线上商店订货、线下商店取货""该零售商支持线上商店订货、线下商店退换货或维修""线下商店能为我在线上商店订购的商品提供售后服务"三项构成。信息一致性由"该零售商线上与线下商店的商品信息一致""该零售商线上与线下商店的价格信息一致""该零售商线上与线下商店的促销信息一致""该零售商线上与线下商店的存货信息一致"四个维度构成。过程一致性由"该零售商线上与线下的服务形象一致""该零售商线上消费者服务与线下保持同等水平""我对该零售商线上与线下服务有相同的感觉""该零售商线上与线下商店在服务的及时性方面一致"四个维度构成。

虽然上述研究并没有使用服务能力的概念，但其划分的维度对本书测量题项的生成具有一定的借鉴意义。然而，由于研究背景和研究对象的差异，本书无法全部使用该量表。例如，奥利维拉和罗斯（2012）在研究服务能力时更多地基于B2B背景，选择对象为制造业和服务企业，而不是零售商。吴锦峰等（2014）虽基于零售背景研究其服务能力，但更多选择的是渠道整合的视角，不能完全反映零售商的服务能力。此外，在外文翻译过程中，还存在语境的差异。因此，本书在借鉴上述学者的基础上，结合访谈来测量感知零售商服务能力。

（二）消费者定性访谈

本书在文献回顾的基础上，采用访谈的方法，以此来生成概念的初始题项。在访谈过程中，让受访者描述零售商提供的服务等内容。在访谈结束后，通过内容分析法将关键的语句提炼出来，根据语句的信息进行编码，最后将意义相同的语句归纳在相应的类别中。访谈的方法、程序与上一节一致。

（三）初始测量题项的生成

通过文献回顾和消费者访谈，本书提出感知零售商服务能力的初始测量题项，具体结果如表4-2所示。

表 4-2 感知零售商服务能力的初始测量题项

维度	测量题项	题项来源
信息能力	1. 该零售商网店能够为消费者提供丰富的产品信息 2. 该零售商网店能够为消费者提供准确的产品信息 3. 该零售商网店能够为消费者提供最新的产品信息，如产品价格打折 4. 该零售商网店能够帮助消费者迅速找到需要的产品 5. 该零售商网店能够有清晰的图片或文字说明 6. 该零售商网店能够通过视频来展示产品的形状或款式	朱（2004），奥利维斯和罗斯（2012），定性访谈
交易能力	1. 该零售商网店能够快速地处理交易，如及时结账等 2. 该零售商网店能够及时发货 3. 该零售商网店能够提供便捷的物流，能够按时完成任务 4. 该零售商网店能够保证交易的完成	朱（2004），定性访谈
补救能力	1. 当我抱怨时，该零售商网店能够快速作出反应 2. 对于我的抱怨，该零售商网店能够提供满意的解释 3. 当我购买的产品出现问题时，该零售商网络商店能够提供便利的沟通条件 4. 当我购买的产品出现问题时，该零售商网店能够提供退换、维修等服务 5. 当出现问题时，该零售商网店能够以适当的方式解决	奥利维拉和罗斯（2012），定性访谈
整合能力	1. 该零售商网店支持线上订单在线下实体店取货 2. 该零售商网店支持线上订单在线下实体店换货 3. 该零售商网店提供的产品与实体店是互补的 4. 该零售商网店提供给会员的权益和服务与线下实体店提供的是一致的	吴锦峰等（2014），定性访谈

（四）感知零售商服务能力题项的修改

在得出感知零售商服务的题项后，需要对题项进行修改，以删除其中不符合要求的题项。具体流程如下。

（1）邀请 3 名博士生对初始测量进行评判。先让他们仔细阅读所有的测量题项，找出其中语义表达不清的问题。在充分阅读所有题项后，其认为信息能力中的"该零售商网店能够通过视频来展示产品的形状或款式"应该删除的原因在于其不具有普遍性，只有少数网站提供。补救能力中的"当出现问题时，该零售商网店能够以适当的方式解决",由于该题项在表达过程中存在含糊不清的问题,因此在测量时选择删掉。

(2)向3位判断者解释本书提出的感知零售商服务能力的定义和相关维度及题项的意思。在此基础上,让判断者对每个维度中的题项进行判断。按照解释程度进行划分,即完全解释、比较解释、比较能够解释和不能解释。题项保留标准是至少两位判断者认同该题项可以完全解释该维度,否则将该题项进行删除。

(3)邀请3位老师对测量进行评判和判断。先向其解释感知零售商服务能力的定义及维度的定义,请其判断维度划分是否合理。之后,请3位老师进行阅读,并判断每个题项对相应维度的解释程度,如果两位以上的老师认为该题项能解释则保留,否则给予删除。

通过上述步骤,本书最终得出感知零售商服务能力的量表,整理后的量表共17项,与整理前的量表相比,信息能力的测量少了"该零售商网店能够通过视频来展示产品的形状或款式"一项。补救能力的测量则少了"当出现问题时,该零售商网店能够以合适的方式进行解决"一项。其中,信息能力由"该零售商网店能够为消费者提供丰富的产品信息"等5项进行测量;交易能力由"该零售商网店能够快速地处理交易,如及时结账"等4项进行测量;补救能力由"当我抱怨时,该零售商网店能够快速作出反应"等4项进行测量;整合能力由"该零售商网店支持线上订单,线下实体店取货"等4项进行测量。

三、感知零售商服务能力预调研与题项净化

(一)感知零售商服务能力预调研问卷设计

本书通过内容分析和效度分析,得出感知零售商服务能力的17个测量题项,通过对测量题项进行整理,形成本书的初始调研问卷。问卷采用7点李克特量表,1~7分别代表非常不同意、不同意、有点不同意、中立、有点同意、同意、非常同意。被调查者根据自身的感受在1~7之间进行打分。预调查问卷由三部分构成:第一部分是简要说明,告诉被调查者本书主要用于学术研究,

调查过程中对被调查者信息进行保密；第二部分为问卷的主体部分，加入"请您回忆一下，您是否有过在同一零售商实体店和网店购物的经历"和"请您根据自己的回忆，写下您所购物的零售商的名称"两个问项，主要是为了更好地甄别所选的被调查者是否为本书的研究对象；第三部分为被调查者的人员统计信息，如年龄、性别、职业等。预调查的感知服务能力的测量题项如表4-3所示，其中信息能力用字母A表示，交易能力用字母B表示，补救能力用字母C表示，整合能力用字母D表示。

表4-3 预调研感知零售商服务能力的测量题项

维度	测量题项
信息能力（A）	A1. 该零售商网店能够为消费者提供丰富的产品信息 A2. 该零售商网店能够为消费者提供准确的产品信息 A3. 该零售商网店能够为消费者提供最新的产品信息，如产品价格打折 A4. 该零售商网店能够帮助消费者迅速找到需要的产品 A5. 该零售商网店能够有清晰的图片或文字说明
交易能力（B）	B1. 该零售商网店能够快速地处理交易，如及时结账等 B2. 该零售商网店能够及时发货 B3. 该零售商网店能够提供便捷的物流，能按时完成任务 B4. 该零售商网店能够保证交易的完成
补救能力（C）	C1. 当我抱怨时，该零售商网店能够快速作出反应 C2. 对于我的抱怨，该零售商网店能够提供满意的解释 C3. 当我购买的产品出现问题时，该零售商网店能够提供便利的沟通条件 C4. 当我购买的产品出现问题时，该零售商网店能够提供退换、维修等服务
整合能力（D）	D1. 该零售商网店支持线上订单在线下实体店换货 D2. 该零售商网店提供的产品与实体店是互补的 D3. 该零售商网店提供给会员的权益与服务同线下实体店提供的是一致的 D4. 该零售商网店支持线上订单在线下实体店取货

（二）感知零售商服务能力预调研数据收集

预调研的目的是检验量表的信度和效度，通过数据分析结果对测量题项进行修正，从而形成本书的正式调研问卷。本书预调研共发出预调研问卷216份，收回216份，回收率100%。在收回的问卷中，依据"请您回忆一下，您是否有过在同一家零售商实体店和网店购物的经历"这一问题排除部分未在同一家实体店和网店购物的调查者,以及通过对问卷中未填写、漏选或多选的问卷进行删除,最终得到有效问卷180份,问卷有效率为83%,样本统计结果如表4-4所示。

表4-4 预调研感知零售商服务能力受访者统计特征

特征	分类	样本数量	百分比	特征	分类	样本数量	百分比
性别	男	74	41.11%	职业	专业人员	26	14.44%
	女	106	58.89%		教师	12	6.67%
年龄	未满18岁	1	0.56%		工人	14	7.78%
	18~24岁	22	12.22%		个体户或自由职业者	24	13.33%
	25~34岁	92	51.11%		销售人员	22	12.22%
	35~44岁	61	33.89%		文职或办事人员	28	15.56%
	45岁以上	4	2.22%		无业或失业或下岗	1	0.56%
受教育程度	初中及以下	12	6.67%		退休	1	0.56%
	高中或中专	32	17.78%		其他	9	5.00%
	大专	36	20.00%	个人月收入	不足1000元	10	5.56%
	本科	85	47.22%		1000~3000元	37	20.56%
	硕士及以上	15	8.33%		3000~5000元	61	33.89%
职业	在校学生	14	7.78%		5000~10000元	54	30.00%
	技术人员	29	16.11%		10000元以上	18	10.00%

从表4-4可以得出,女性比例略高于男性,调查对象年龄段主要集中在25~34岁,受教育程度以本科为主,职业主要集中在技术人员、专业人员、个体户或自由职业者、销售人员、文职或办事人员,月收入主要集中在3000~5000元和5000~10000元两个阶段。

(三)感知零售商服务能力预调研信度检验

本书在信度检验上,参照吴明隆《问卷统计分析实物——SPSS操作与应用》一书中信度的检验方法,采用修正的项目总相关(CITC)和Cronbach's α值进行分析，其中修正项目总相关是指该题项与其余题项加总后的积差相关。修正后的项目总相关数值小于 0.4，则表示该题项与其余题项的相关为低相关关系，该题项与其余题项所要测量的心理或潜在特质同性质不高，应该予以删除。在 Cronbach's α 的检验上，吴明隆认为，Cronbach's α 值 <0.5，则代表不理想，应舍弃不用；0.5≤Cronbach's α 值 <0.6，代表可以接受，应增列题项或修改语句；0.6≤Cronbach's α 值 <0.7 代表尚佳；0.7≤Cronbach's α 值 <0.8 代表佳（信度高）；0.8≤Cronbach's α 值 <0.9 代表理想（甚佳，信度很高）；Cronbach's α 值 ≥0.9（信度非常好）。项目删除时的 Cronbach's α 值是指该项目删除后，整个量表的 Cronbach's α 值改变情形。若是删除后，量表的内部一致性 Cronbach's α 值反而更大，则此题所测量的行为或心理特征与其余量表的行为或心理特质并不同质，因此应该将其删除。具体结果如表 4-5 所示。

表 4-5 预调研感知零售商服务能力的信度分析

维度	测量题项代码	修正的项目总相关（CITC）	项目删除时的 Cronbach's α 值	Cronbach's α 值
信息能力（A）	A1	0.731	0.849	0.879
	A2	0.691	0.858	
	A3	0.657	0.868	
	A4	0.744	0.846	
	A5	0.746	0.847	
交易能力（B）	B1	0.801	0.903	0.921
	B2	0.820	0.897	
	B3	0.844	0.889	
	B4	0.808	0.901	
补救能力（C）	C1	0.751	0.846	0.882
	C2	0.829	0.815	
	C3	0.742	0.850	
	C4	0.661	0.881	

续表

维度	测量题项代码	修正的项目总相关（CITC）	项目删除时的 Cronbach's α 值	Cronbach's α 值
整合能力（D）	D1	0.620	0.759	0.807
	D2	0.724	0.715	
	D3	0.702	0.720	
	D4	0.479	0.835	

由表 4-5 可以得出，所有感知服务能力维度的 Cronbach's α 值都大于 0.8，这表明感知服务能力维度的测量信度较好。吴明隆认为，若某测量题项删除后，量表的内部一致性 α 系数反而更大，应将其删除。在整合能力题项测量中，删掉 D4 测项后，其项目删除时的 Cronbach's α 值为 0.835，大于 0.807，因此应将其删掉。

（四）感知零售商服务能力预调研效度检验

由于感知零售商服务能力并没有相应的量表进行测量，因此本书在做效度检验时，采用探索性因子分析（EFA）的方法进行研究。吴明隆认为，KMO 系数在 0.5 以下，非常不适合进行因子分析；KMO 系数在 0.5 以上不足 0.6，不适合进行因子分析；KMO 系数在 0.6 以上不足 0.7，勉强可以进行因子分析；KMO 系数在 0.7 以上不足 0.8，尚可进行因子分析；KMO 系数在 0.8 以上不足 0.9，适合进行因素分析；KMO 系数在 0.9 以上，极适合进行因子分析。本书 KMO 值为 0.907，Bartlett 球体检验的 P 值为 0.000，小于 0.05，表明感知服务能力适合作探索性因子分析。本书采用主成分分析方法，利用最大方差法进行旋转，具体结果如表 4-6 所示。

由表 4-6 可以得出，感知服务能力通过最大方差法旋转后，共提取四个特征值大于 1 的因子，累计方差贡献率达到 76.044%。吴明隆认为，因子载荷小于 0.32 的应该舍弃，其建议因子载荷的标准最好在 0.4 以上，此时共同因素可以解释题项的 16%。表 4-6 中，因子载荷的数值都在 0.5 以上，表明共同因素对题项变量的解释较好。

表 4-6　预调研感知零售商服务能力探索因子分析

维度	代码	成分			
		因子1	因子2	因子3	因子4
信息能力（A）	A1	0.260	0.818	0.224	0.065
	A2	0.187	0.847	0.210	0.065
	A3	0.353	0.564	0.101	0.383
	A4	0.415	0.571	0.217	0.401
	A5	0.459	0.565	0.264	0.310
交易能力（B）	B1	0.746	0.357	0.248	0.180
	B2	0.838	0.187	0.261	0.173
	B3	0.784	0.324	0.247	0.211
	B4	0.726	0.306	0.354	0.200
补救能力（C）	C1	0.151	0.292	0.833	0.084
	C2	0.256	0.218	0.847	0.015
	C3	0.478	0.224	0.627	0.298
	C4	0.321	0.079	0.702	0.240
整合能力（D）	D1	0.143	0.182	0.220	0.780
	D2	0.101	0.198	0.217	0.859
	D3	0.264	0.027	0.052	0.806

四、感知零售商服务能力正式调研与量表检验

（一）感知零售商服务能力正式调查问卷设计

在预调查阶段，本书通过对测量题项进行信度和效度检验，并依据数据分析结果对相应的题项进行删减，最后得到感知零售商服务能力的16个题项。在正式调查问卷中，本书加入了调查人员统计信息，并要求调查对象写下相应的实体店或网店的名称，从而形成感知零售商服务能力测量的正式量表，具体问卷见附录B。正式问卷分三部分：第一部分为调查目的，告诉调查对象所有的

调查仅用于学术目的；第二部分是感知零售商服务能力的测量题项，所有题项均采用李克特七点量表；第三部分是人员统计变量的调查，包括性别、收入、受教育程度等。

（二）感知零售商服务能力正式调查问卷数据的收集

本书共发放正式问卷 633 份，收回 633 份，在回收过程中先按照问卷中"有无在同一零售商实体店和网店购物的经历"和"写下该零售商的名称"题项的标准删掉不符合要求的问卷，再按照未作答、有遗漏或多选的标准删掉剩下部分中不符合要求的问卷，最终得到有效问卷 583 份，有效率为 92.1%，样本的具体结果如表 4-7 所示。

表 4-7　正式调研感知零售商服务能力受访者统计特征

特征	分类	样本数量	百分比	特征	分类	样本数量	百分比
性别	男	269	46.14%	职业	专业人员	132	22.64%
	女	314	53.86%		教师	42	7.20%
年龄	未满 18 岁	3	0.51%		工人	20	3.43%
	18~24 岁	78	13.38%		个体户或自由职业者	28	4.80%
	25~34 岁	310	53.17%		销售人员	27	4.63%
	35~44 岁	173	29.67%		文职或办事人员	171	29.33%
	45 岁以上	19	3.26%		无业或失业或下岗	8	1.37%
受教育程度	初中及以下	4	0.69%		退休	4	0.69%
	高中或中专	37	6.35%		其他	8	1.37%
	大专	104	17.84%	个人月收入	不足 1000 元	35	6.00%
	本科	411	70.50%		1000~3000 元	58	9.95%
	硕士及以上	27	4.63%		3000~5000 元	156	26.76%
职业	在校学生	41	7.03%		5000~10000 元	278	47.68%
	技术人员	102	17.50%		10000 元以上	56	9.61%

由表 4-7 可以得出，女性占比为 53.86%，略高于男性的 46.14%，调查对象年龄段主要集中在 25~34 岁，共 310 人，占比为 53.17%。受教育程度以本科为主，共 411 人，占比为 70.50%。职业主要集中在技术人员、专业人员和文职或办事人员，其中技术人员占比为 17.50%，专业人员占比为 22.64%，文职或办事人员占比为 29.33%。月收入主要集中在 3000~5000 元和 5000~10000 元两个阶段，占比分别为 26.76% 和 47.68%。

（三）感知零售商服务能力正式调查问卷的量表信度检验

本书对感知零售商服务能力的信度检验，主要通过 Cronbach's α 值和组合信度（CR）进行检验，具体结果如表 4-8 所示。

表 4-8　正式调研感知零售商服务能力的信度分析

维度	测量题项代码	修正的项目总相关（CITC）	项目删除时的 Cronbach's α 值	Cronbach's α 值	组合信度（CR）
信息能力（A）	A1	0.651	0.747	0.804	0.854
	A2	0.623	0.755		
	A3	0.512	0.789		
	A4	0.622	0.756		
	A5	0.536	0.783		
交易能力（B）	B1	0.678	0.783	0.834	0.8351
	B2	0.659	0.793		
	B3	0.668	0.788		
	B4	0.650	0.796		
补救能力（C）	C1	0.611	0.785	0.818	0.8204
	C2	0.669	0.757		
	C3	0.653	0.765		
	C4	0.625	0.778		
整合能力（D）	D1	0.553	0.683	0.746	0.7426
	D2	0.592	0.637		
	D3	0.570	0.663		

由表 4-8 可以得出，除整合能力的 Cronbach's α 值小于 0.8 以外，其他感知服务能力维度的 Cronbach's α 值都大于 0.8，这表明感知服务能力维度的测量信度较好，所有修正的项目总相关（CITC）都大于 0.5，项目删除时的 Cronbach's α 值均小于 Cronbach's α 值，表明问卷不需要删除其余的测量题项。各个维度的组合信度（CR）均大于 0.6，表明感知零售商服务能力的内部一致性较好。

（四）感知零售商服务能力正式调查问卷的效度检验

由于感知零售商服务能力并没有相应的量表进行测量，因此本书在做结构效度检验时，采用探索性因子分析（EFA）进行研究，主要采用主成分分析的方法，其中 KMO=0.936，Bartlett 球体检验的 P 值为 0.000，小于 0.05，表明感知零售商服务能力适合作探索性因子分析，具体结果如表 4-9 所示。

表 4-9　正式调研感知零售商服务能力探索因子分析

维度	代码	成分			
		因子 1	因子 2	因子 3	因子 4
信息能力（A）	A1	0.271	0.184	0.782	0.095
	A2	0.332	0.314	0.587	0.148
	A3	0.136	0.141	0.703	0.209
	A4	0.308	0.333	0.596	0.106
	A5	0.352	0.356	0.454	0.075
交易能力（B）	B1	0.730	0.092	0.289	0.230
	B2	0.721	0.294	0.141	0.198
	B3	0.702	0.241	0.222	0.234
	B4	0.707	0.156	0.281	0.224
补救能力（C）	C1	0.119	0.709	0.255	0.181
	C2	0.141	0.776	0.200	0.202
	C3	0.244	0.691	0.202	0.233
	C4	0.282	0.695	0.150	0.168

续表

维度	代码	成分			
		因子1	因子2	因子3	因子4
整合能力（D）	D1	0.202	0.111	0.300	0.747
	D2	0.219	0.319	0.136	0.708
	D3	0.280	0.280	0.045	0.708

由表 4-9 可以得出，感知服务能力通过最大方差法旋转后，共提取四个特征值大于 1 的因子，累计方差贡献率达到 63.496%。吴明隆认为，因子载荷小于 0.32，应该舍弃，其建议因子载荷的标准最好在 0.4 以上，此时共同因素可以解释题项的 16%。表 4-9 中，所有因子载荷的数值都在 0.4 以上，除 A5 小于 0.5 外，其余的因子载荷都大于 0.5，表明共同因素对题项变量的解释较好。

（五）收敛效度检验

收敛效度是通过不同的方式测量同一构念，所观测到的数值之间是高度相关的。本书在对感知零售商服务能力的收敛效度的测量上，主要采用平均变异抽取量（AVE）来测量。吴明隆认为，潜在变量的平均变异抽取量（AVE）若大于 0.5，则表示模型内在质量佳。本书使用验证性因子分析（CFA）进行收敛效度分析。其中，近似误差均方根（RMSEA）为 0.048，GFI 为 0.954，AGFI 为 0.936，NFI 为 0.945，RFI 为 0.932，IFI 为 0.968，TLI 为 0.960，CFI 为 0.968。吴明隆（2007）在《结构方程模型》一书中，提出 SEM 整体模型适配度的评价指标及其评价标准，其认为 GFI、AGFI、NFI、RFI、IFI、TLI、CFI 大于 0.9，RMSEA 小于 0.05 则效度较好。具体分析结果如表 4-10 所示。

表 4-10 正式调研感知零售商服务能力的收敛效度分析

维度	测量题项代码	因子载荷	平均变异抽取量（AVE）
信息能力（A）	A1	0.72	0.5394

续表

维度	测量题项代码	因子载荷	平均变异抽取量（AVE）
信息能力（A）	A2	0.72	0.5394
	A3	0.78	
	A4	0.71	
	A5	0.74	
交易能力（B）	B1	0.75	0.5588
	B2	0.74	
	B3	0.76	
	B4	0.74	
补救能力（C）	C1	0.70	0.5334
	C2	0.75	
	C3	0.75	
	C4	0.72	
整合能力（D）	D1	0.68	0.4905
	D2	0.73	
	D3	0.69	

由表4-10可以得出，感知零售商服务能力各个维度测量的因子载荷都在0.4以上。平均变异抽取量（AVE），除了整合能力都大于0.5，表明模型的内在质量较高，收敛效度较好。

（六）二阶验证性因子分析

为了检验各个维度间的相关性，本书采用二阶验证性因子分析，通过利用一阶因子载荷到二阶共同因子上的标准化系数来检验收敛效度，具体结果见表4-11。

表 4-11 感知零售商服务能力二阶验证性因子分析结果

二阶因子	一阶因子	标准化路径系数	测量题项代码	标准化因子载荷
感知零售商服务能力（O）	信息能力（A）	0.90	A1	0.72
			A2	0.73
			A3	0.78
			A4	0.71
			A5	0.74
	交易能力（B）	0.90	B1	0.74
			B2	0.74
			B3	0.76
			B4	0.74
	补救能力（C）	0.84	C1	0.69
			C2	0.75
			C3	0.76
			C4	0.72
	整合能力（D）	0.83	D1	0.69
			D2	0.73
			D3	0.69

由表 4-11 可以得出，四个一阶因子与二阶因子之间的标准化路径系数分别为 0.90、0.90、0.84、0.83，都大于 0.8，表明感知零售商服务能力二阶验证性因子分析模型的内在质量较好，即收敛效度较好。

本章以文献回顾和消费者访谈为基础，在界定了感知零售商服务能力概念和内涵的基础上，通过对消费者进行深度访谈，提出感知零售商服务能力的四个维度。本书参照丘吉尔（1979）量表开发的方法和流程，最终保留了 16 个测量题项从而得到可用于正式调研的量表。最后，通过正式调研对测量量表的信度和效度进行检验，并最终得出感知零售商服务能力的测量量表，一共 16 个题项。本章通过对感知零售商服务能力这一概念进行有效测量，为后续研究奠定基础。

第五章 研究假设及问卷设计

第一节 研究假设

一、企业–消费者互动与信任

基于"承诺–信任"理论，摩根和亨特（Morgan，Hunt，1994）认为互动对象之间的沟通有利于信任关系的建立。程振宇（2013）研究发现，互动对信任具有显著的影响。肇丹丹（2015）在研究互动对渠道转换行为的影响研究时，认为便捷性、信息共享性、响应性和可侵入性会对网络信任产生影响。由于消费者对线上、线下渠道之间感知的风险存在显著的差异，对两种渠道的信任存在程度上的差别，因此本书将信任分为线上信任和线下信任。

信任转移理论认为，信任可以从一个可信的客体转移到另一个客体上，反之亦然，即信任存在传递或转移。斯图尔特（2003）在研究线上渠道之间的传递时，发现当一个知名网站与某一个不知名网站相连时，消费者对知名网站的信任可以接转移到不知名的网站上。其中网站之间的相似性、消费者的信任水平和第三方的认证识别商标等会影响线上渠道之间的传递。李（2007）以银行业为研究对象，发现用户对实体银行的信任会影响该用户对电子银行继续使用的程度。库安和博克（2007）在研究多渠道情境中网络信任时，发现消费者对零售商实体店的信任会影响消费者对网站信任的建设。杨等（2008）在构建信任传递模型时，发现消费者对零售商实体店的信任会直接或间接影响其对网站的初始信任。哈恩和金姆（2009）以服装店为研究对象，研究发现消费者对服装实体店的信任会影响网上的购买信心。巴德里那亚南等（2012）研究发现，消费者对多渠道零售商实体店的态度会影响其网点的态度，消费者对实体店的信任会影响其对网点的信任。汪旭晖和张其林（2015）在研究用户生成内容质量时，认为在线零售品牌社群承诺不仅会对线上商店信任产生影响，也会影响线下商店信任，信任之间存在传递性。

基于此，本书提出假设：

H1：企业-消费者互动对信任具有显著的正向影响；

H1a：互动功能性对线上信任具有显著的正向影响；

H1b：互动功能性对线下信任具有显著的正向影响；

H1c：互动信息性对线上信任具有显著的正向影响；

H1d：互动信息性对线下信任具有显著的正向影响；

H1e：互动响应性对线上信任具有显著的正向影响；

H1f：互动响应性对线下信任具有显著的正向影响；

H1g：互动自主性对线上信任具有显著的正向影响；

H1h：互动自主性对线下信任具有显著的正向影响。

二、信任与零售商品牌权益

零售商品牌权益是由零售企业以往营销努力所引起的消费者在商店知识方面对零售品牌的差异化反应效果（Hartman，Spiro，2005），其作为一种以市场为基础的关系资产，意味着建立与维持信任是品牌权益的核心，因为信任是任何成功的长期合作关系的关键特征（Morgan，Hunt，1994）。

在日常交易过程中，消费者与零售商之间由于信息不对称，导致交换的频率较低，交易价值较小（谢恩等，2012）。因此，建立信任、发挥信任机制的作用变得极为重要。蒙托亚·韦斯（Montoya Weiss）等（2003）研究发现，消费者对可选渠道的积极评价会提升消费者对多渠道服务提供商的整体满意度。信任作为一种态度、一种评价会影响消费者对零售商的整体满意度，进而影响零售商品牌形象。而零售商品牌形象是零售商品牌权益形成的基础。因此，增强消费者与零售商之间的信任有利于提升零售商品牌权益。汪旭晖和张其林（2015），吴锦峰等（2016）研究发现，线上信任、线下信任与零售商品牌权益之间存在显著关系。

此外，帕普和奎斯特（2006），贾拉和克利凯（Jara，Cliquet，2012）研究发现，当消费者对多渠道零售商的线上商店或线下商店产生信任时，消费者会在头脑中形成一个个与零售商品牌相关的节点，自动将该零售商与其他零售商进行区分，并将该零售商作为自己购物的重要选择，而这些行为与零售商品牌权益密切相关。

基于此，本书提出假设：

H2：信任会对零售商品牌权益具有显著的正向影响；

H2a：线上信任对零售商品牌权益具有显著的正向影响；

H2b：线下信任对零售商品牌权益具有显著的正向影响。

三、企业－消费者互动与零售商品牌权益

沃尔根（Walgen）等（1995）认为，来源于广告和其他信息的心理感知与有形感知会对品牌权益造成影响。奥沙瓦等（2000）认为，感知价格、分销密度、店铺形象、价格策略、广告投入等刺激因素会通过品牌认知或联想，感知质量等影响零售商品牌权益。企业－消费者互动作为一种刺激活动，其核心是双向交流和沟通，其本质是通过信息交流和情感的传递，使消费者在心理上和行为上发生有利于企业的变化，并通过这些变化来影响消费者的购买意向和行为，进而使品牌权益发生变化（范秀成，2000）。卫海英等（2011）采用灰关联分析的研究方法，研究多维互动对服务品牌资产的影响，研究发现服务企业、一线

员工与消费者之间的多维互动是服务品牌资产消长的根源。

刺激—反应模式认为人类的复杂行为可以分解为刺激和反应两个部分，人的行为完全是大脑对刺激物的反应。其认为刺激主要来源于身体内部的刺激和体外环境的刺激，而反应是随着刺激而呈现的。其中，外部刺激涉及产品质量、产品价格、产品特性、产品的可用性和服务等企业活动。企业－消费者互动作为消费者进行信息沟通和交流的过程，其通过传递与商品价格、产品特性、产品的可用性等企业活动有关的知识，来改变零售商在消费者头脑中印象，打碎凝结在消费者记忆中有关零售商美好印象的节点，使零售商与其他零售商相区别，使消费者不再将零售商作为购物的首选，不再对零售商忠诚（Pappu，Quester，2006），并通过最终改变消费者对零售商的品牌形象来弱化零售商品牌权益。而零售商品牌形象是零售商品牌权益的主因（Hartman，Spiro，2005）。

基于此，本书提出假设：

H3：企业－消费者互动对零售商品牌权益具有显著的正向影响；

H3a：互动功能性对零售商品牌权益具有显著的正向影响；

H3b：互动信息性对零售商品牌权益具有显著的正向影响；

H3c：互动响应性对零售商品牌权益具有显著的正向影响；

H3d：互动自主性对零售商品牌权益具有显著的正向影响。

四、企业－消费者互动与感知零售商服务能力

企业－消费者互动作为一种双向交流和沟通的方式，其通过向消费者传递信息和情感交流，使消费者在心理上和行为上发生有利于企业的变化，并通过这些变化来影响消费者的购买意向和行为（范秀成，2000）。感知零售商服务能力是消费者对多渠道零售商有效传递服务才能的评价。高的互动性，意味着信息交换过程更符合消费者自身的认知加工习惯，更有利于信息的整合、加工和提取。在信息获取过程中，消费者会产生进一步获取相关信息的需求，而企业－消费者间的互动性正好可以满足这种动态信息需求（范晓屏等，2013）。因此，

企业 - 消费者间的互动性越高，消费者越能够根据自身的认知加工习惯及动态信息需求获取信息，更多地卷入对信息的加工处理中。此时，信息的说服效果发挥得更充分，消费者对零售商服务能力越认可，感知服务能力越强。

此外，刺激—机理—反应模式认为消费者和雇员对外部刺激会产生认知（信念、分类、符合、意义）、情感（态度、情绪）、身体（痛苦、舒服、移动、实体相符）上的反应，进而迫使雇员和消费者对环境作出趋近和趋避的选择。企业 - 消费者互动作为一种刺激活动，其通过向消费者传递信息，改变消费者对零售商固有的印象，迫使消费者重新认知零售商，对零售商的服务能力作出判定，进而决定是否将零售商作为首选。企业与消费者互动程度越高，消费者获得的信息越多，对零售商服务能力判断越准确，说服效果越好。

基于此，本书提出假设：

H4：企业 - 消费者互动对感知服务能力具有显著的正向影响；

H4a：互动功能性对感知服务能力具有显著的正向影响；

H4b：互动信息性对感知服务能力具有显著的正向影响；

H4c：互动响应性对感知服务能力具有显著的正向影响；

H4d：互动自主性对感知服务能力具有显著的正向影响。

五、感知零售商服务能力与零售商品牌权益

零售商品牌权益作为一种差异化反应效果，是一种以市场为基础的关系资产。感知零售商服务能力是消费者对零售商传递服务才能的评价。而这种服务的传递是以信任为基础的，其建立在交易的基础上。特别是在信息日益发达的今天，消费者对信息的搜索越来越便利，信息搜索成本和转换成本越来越低，消费者很容易在不同渠道间进行转换，提升零售商服务能力，发挥零售商的差异化对零售商的品牌权益建设所具有的重要作用。

汪旭晖和张其林（2015）在研究感知服务质量对多渠道零售商品牌权益的影响时，将感知服务质量分为线上感知服务质量和线下感知服务质量。研究发

现，在多渠道零售商模式下，感知服务质量仍然是消费者品牌态度的重要决定因素。传统零售商通过提高线上服务质量重塑品牌的努力不会受到线下的干扰。而服务质量的好坏则体现在服务的能力上。吴锦峰等（2016）研究发现，渠道间的整合能力如促销信息整合、产品与价格信息整合等对零售商权益产生显著的影响。汪旭晖和张其林（2017）对线上线下价格策略对多渠道零售商品牌权益影响研究发现，相比于异价策略，同价策略带来更高的品牌认知、品牌联想、品牌感知质量和品牌忠诚。高产品涉入度情境下，相比于异价策略，同价策略带来更高的品牌认知、品牌联想、品牌感知质量和品牌忠诚。低产品涉入度情境下，同价策略和异价策略对零售商品牌权益的四个维度均无显著差异。由定性访谈可知，渠道间的整合、线上线下价格策略等属于零售商服务能力的组成部分。

基于此，本书提出假设：

H5：感知零售商服务能力对零售商品牌权益具有显著的正向影响。

六、涉入度的调节作用

涉入度最早由谢里夫和肯切尔（1947）提出，后经学者克鲁曼（1965）引入营销领域。扎耶科夫斯基（1985）将涉入度界定为个人因为自身的原因而对产品或服务产生的爱好。米塔尔（Mittal，1995）将涉入度界定为使用者由于刺激所感知到的重要程度。马蒂斯等（2013）认为，涉入度是个人与感知对象的相关性。依据消费者的投入程度或对产品的重要性感知，其将涉入度分为高涉入度和低涉入度。高涉入度是指对消费者而言，具有重要的影响、较高的风险和自我相关程度高等特点；低涉入度是指对消费者而言，不具有重要的影响、风险较低和自我相关程度较低等特点。

精细加工可能性模型（ELM）认为，信息处理和态度改变的一个基本变量是信息处理的深度和数量。一般情况下，消费者对高涉入度的产品或信息，会启用中心路径处理信息，对低涉入度的产品会采用边缘路径处理信息。而涉入度主要从决策中所投入的认知资源的数量和决策所依据的线索来进行决策。在高涉入度情况下，消费者会依据认知，通过以往的经验进行判断，并以此为依据考察是否符合预期（Sengupta et al.，1997）。当其与消费者既有的经验、习惯，即心理图式不相符时，会导致负面效应。因此，在消费者涉入度较高时，零售商应该选择与消费者诉求相一致的能力或形象。在低涉入度情况下，消费者会投入较少的认知资源，并依据感情进行判断。此时，情感性处理方式是首位的。因此，对零售商应该选择与消费者诉求不相一致的能力或形象。此外，在低涉入度下，消费者感知风险较低，更多依靠情感，对零售商比较宽容。在高涉入度下，对零售商服务能力要求更高。

基于此，本书提出假设：

H6：涉入度在企业-消费者与感知零售商服务能力之间发挥调节作用；

H6a：涉入度在互动功能性与感知零售商服务能力之间发挥调节作用；

H6b：涉入度在互动信息性与感知零售商服务能力之间发挥调节作用；

H6c：涉入度在互动响应性与感知零售商服务能力之间发挥调节作用；

H6d：涉入度在互动自主性与感知零售商服务能力之间发挥调节作用。

七、实体店形象的调节作用

马蒂诺（1958）首次将"形象"概念引入零售领域，其认为商店个性或形象是消费者心中界定某商店的方式。林德奎斯特（1974）认为，零售商形象是消费者在店铺感受到的有形的功能因素和无形的情感因素的组合。汪旭晖（2007）在研究店铺形象对自有品牌与购买意向的影响时，将零售店铺形象界定为消费者对店铺商品、服务、价格、环境等多维度的一种综合性评价。吴锦峰和胥朝阳（2010）在研究店铺形象对零售商权益的影响时，将店铺形象界定为消费者所感知的店铺不同属性的组合。吴洪刚（2013）在研究实体店形象对网上购物的影响时，认为零售店形象源于消费者的主观印象和感知，体现了情感性和功能性特征。由以上学者对实体店形象的界定可以发现，实体店形象来源于消费者在日常购物过程中的经验、学习或记忆以外的资讯。通过对自身购物的经验、体验等进行总结和分类，形成自身的体系即心理图式。当后续的外来信息与已有的认知相符时，消费者对其就会更加积极和正面。当与消费者经验或体系不符时，就会更加负面。

认知不协调理论认为，人们拥有的成对的认知元素之间存在三种关系：无关、协调和失调。当出现认知失调时，人们可以采取三种措施来减少或避免失调。第一种是改变行为；第二种是改变态度；第三种是引入新的认知元素，从而减少整个失调的程度。企业－消费者互动的核心是信息交流和沟通，其通过双方之间信息的传递来完成。在信息交流过程中，会出现信息的碰撞和冲突。萨维奥特和罗曼（2012）认为，消费者在渠道间进行迁徙的过程中，产生了减少认知失调的倾向。传统零售商线下实体店由于在线下长时间经营使消费者对实体店属性有深刻的了解，并留下了难以磨灭的印象。因此，当消费者对线下实体店的商店属性较为了解时，会对线下实体店的商店属性留下深刻的印象，这些印象会促使其以一种积极偏见的方式去感知线上网店的属性表现（Wang，2009）。也就是说，当线上企业与消费者之间传递的信息或资讯与消费者线下对实体店属性的了解不一致时，就会产生信息上的不协调。此时，消费者会以偏见的方式来感知线上网店的属性，以此来减少心理上的不适，从而增加对线上网店的信任。反之，当消费者对线下实体店属性的认知降低时，由于其无法判断线上网店与线下实体店表现是否一致，因此很难对线上网店的体验形成积极的预期。

基于此，本书提出假设：

H7：实体店形象在企业－消费者互动与信任之间发挥调节作用；

H7a：实体店形象在企业－消费者互动与线上信任之间发挥调节作用；

H7b：实体店形象在企业－消费者互动与线下信任之间发挥调节作用。

八、感知零售商服务能力与信任

感知零售商服务能力是消费者对多渠道零售商有效和高效传递服务才能的

评价。本书将感知零售商能力分为信息能力、交易能力、补救能力和整合能力。朱（2004）在研究信息技术基础和电子商务能力时，认为信息能力是电子商务能力的基础，交易能力是便于消费者通过网络完成订单的能力。

企业通过提供丰富、准确的信息，便于消费者进行产品信息的搜索和比较，降低了消费者自身的搜索成本和感知风险。通过安全的网站交易和实时跟踪订单的交易模式，在一定程度上增进了消费者对零售商的信任。奥利维拉和罗斯（2012）在研究B2B电子服务能力时，将电子服务能力分为电子服务补救、导航的易用性等五个维度，并研究其对消费者的影响。而对消费者影响的研究主要从心理和行为层面入手。邱（Chiu）等（2011）在研究多渠道服务的挑战时，认为感知整合会对跨渠道"搭便车"行为产生影响，通过信任等中介变量来影响跨渠道"搭便车"行为。学者吴锦峰等（2014，2016）认为，多渠道整合会对消费者态度产生影响，并最终影响消费者购物意愿和零售商品牌权益。而信任作为一种态度，会受到整合能力的影响。

基于此，本书提出假设：

H8：感知零售商服务能力对信任具有显著的正向影响；

H8a：感知零售商服务能力对线上信任具有显著的正向影响；

H8b：感知零售商服务能力对线下信任具有显著的正向影响。

第二节　问卷设计

本节主要通过问卷调查的方式获取相关数据和文字资料，并以此为基础构建企业-消费者互动对零售商品牌权益转换行为的研究。在具体安排上，本节首先介绍相关概念的定义，并通过借鉴国内外学者开发的测量量表生成初始测量题项，然后通过预调研的数据分别对测量量表的信度和效度进行测量，从而形成正式的问卷。本书构建的理论模型共涉及六个概念：企业-消费者互动、实体店形象、涉入度、信任、感知零售商服务能力和零售商品牌权益。由于上文已经对感知零售商服务能力的概念进行了界定,并对其开发出相应的量表,因此在下文中,本书将详细介绍其他的五个概念的测量量表。

一、变量的界定和测量

(一)企业-消费者互动的界定和测量

企业-消费者互动作为一种信息交流和沟通的方式,需要消费者与零售商共同完成,其涉及互动过程中消费者对零售商的感知。本书将企业-消费者互动界定为多渠道背景下线上零售商通过 E-mail、在线聊天、微博等媒介与消费者进行信息沟通和交流的过程。

由于本书主要从互动的过程出发,研究企业-消费者互动对零售商品牌权益的影响机制,因此在测量过程中,更多地选择与互动过程相关的量表进行测量。同时,结合线上零售商企业-消费者互动的特点,提出各个变量相应的测量量表。

1. 互动功能性和信息性

互动功能性是基于互动的方式而提出的企业-消费者互动的维度,其涉及的互动方式包含互动的工具、互动的形式及互动的易用性和有用性,其借鉴了技术模型(technology acceptance model,TAM)中感知有用性和感知易用性的内涵,以及沟通过程中双向交流的形式,共同测量个体对整体系统的使用行为。前期研究过程中,易用性、有用性被学者们界定为个体使用的程度(Davis,1989;唐嘉庚,2006),双向交流则是交流的一种形式(Liu,Shrum,2002)。互动信息性是基于互动内容而提出的企业-消费者互动的维度,其涉及内容的相关性、方式的多样性、信息的友好性和完整性。信息收集涉及信息的内容,选择权涉及方式的多样性,连接性则涉及完整性。由于在互动过程中除了消费者进行信息的搜集以外,还存在消费者对零售商互动过程的感知及零售商对消费者自身的态度如友好性的感知,这些都需要进行有效的补充。因此,本书在设计互动功能性和信息性量表时,在借鉴前人研究的基础上,根据本书研究内容的特点，对相应的量表进行了修改，提出互动功能性和信息性的测量题项（见表 5-1）。

表 5-1 互动功能性和信息性的测量题项

维度	编码	测量题项	文献来源
互动功能性（P）	P1	我与该零售商网站可以通过多种方式（如电话、短信、e-mail、微信、阿里旺旺等）进行互动	宋（Song）等（2008）；王（Wang）等（2004）；戴维斯（Davis）等（1989）；毕达天（2014）；刘和施勒姆（2002）
	P2	我与该零售商网站通过两种或两种以上方式进行过互动	
	P3	我与该零售商网站间双向沟通很容易，我很乐意与该网站进行沟通	
	P4	该零售商网站客服人员能理解我的问题，并能给出容易被理解的回复	
	P5	该零售商网站的一些功能简单易学，很容易操作	
	P6	我从该零售商网站获得了产品促销、价格等信息并学习到了许多知识	
互动信息性（F）	F1	该零售商网站产品介绍、客服人员答复的信息内容格式丰富，有文字、图片、视频、超链接等	杰洛涅（Delone）等（1992）；麦金尼（Mckinney）等（2002）；戴克（Dyke）等（1997）；哈、路易莎（Louisa）和詹姆斯（1998）；肖爽（2010）
	F2	通过和该零售商网站的互动能够顺利帮助您找到所需的信息	
	F3	该零售商网站和您互动的信息和您的需求很相关	
	F4	该零售商网站与您互动的文字、图片、视频等信息很清晰，容易理解	
	F5	该零售商网站与您互动的内容文字、图片、视频等信息很友好，很有亲和力	
	F6	该零售商网站产品介绍和客服人员答复的信息内容很完整，很全面，很详细	
	F7	该零售商网站促销广告、活动介绍、网站使用说明介绍等信息内容很完善，很全面，很详细	

2. 互动响应性

互动响应性基于互动的反馈之上，其涉及服务人员对消费者的反馈速度及响应的适应性等问题。尹（Yin，2002）认为，响应性是后续信息对前方信息承接的速度和关联性程度。唐嘉庚（2006）认为，响应性是消费者所感知的客户服务的及时性及回复与消费者询问问题密切相关性程度。在互动过程中，响应性更多地通过及时反馈、同步交互等表现出来。

零售商与消费者之间的响应性更多地体现在服务人员对消费者反馈的问题、答复是否及时等效率和效用上。在B2C环境下，零售商与消费者之间的响应性还涉及网站对消费者的反馈，如零售商的网店是否会延迟消费者获得信息等。因此，本书在对信息响应性作出测量时，将服务人员与消费者的反馈和消费者与网站间的反馈结合起来共同测量信息响应性。具体结果如表5-2所示。

表5-2　互动响应性测量题项

维度	编码	测量题项	文献来源
互动响应性（G）	G1	我在零售商网站上操作时，可以几乎无时间延迟地获得想要的信息	宋等（2008）；加奥（Gaoa）等（2009）；拉马尼等（2008）；尹（2002）；杰洛涅（Delone）等（1992）
	G2	我与该零售商网站即时沟通很容易，客户人员可以很快响应并处理我的请求	
	G3	该零售商网站可以根据我的浏览及操作情况，预测出我未来的需求	
	G4	该零售商网站可以根据我的过去交易情况，预测出我可能面临的问题	
	G5	该零售商网站可以正常运行，很少发生错误	
	G6	我在零售商网站上操作或与其互动时，该零售商网站可以给我正确的反馈	

3. 互动自主性

互动自主性是基于消费者本身而建立的维度，其涉及消费者能否自主互动，即个人感觉到的可控制互动性的程度。吴（2000）在研究互动性广告的信息处理过程中所感知的互动性时，将用户自主性（user control）界定为用户按照自身的需求自由选择信息内容、形式等的程度。多拉基亚（Dholakia）等（2000）

在研究互动性与网站再次访问关系时,将用户可控性界定为个人选择通信的时间、内容、顺序的程度。消费者与零售商之间的互动,应该是自主的、平等的。消费者有权利选择互动的内容、方式,零售商应该为消费者自主选择提供有利的条件,如保证消费者资料安全、支付安全等。而这种互动应该是消费者与零售商服务人员之间的互动,也包含消费者对零售商网店互动的自主性。基于此,本书在对互动自主性进行测量时,将消费者与零售商网站互动的自主性纳入其中。具体结果如表5-3所示。

表5-3 互动自主性测量题项

维度	编码	测量题项	文献来源
信息自主性（H）	H1	该零售商网站会基于我注册、浏览及交易的信息与我进行互动	拉马尼等（2008）；宋等（2008）；加奥等（2009）；巴勒斯特（Ballester）等（2000）摩根等（1994）；毕达天（2014）
	H2	该零售商网站不是经常给我发送垃圾广告等信息,不会浪费我许多时间	
	H3	我可以自由订阅该零售商网站的信息内容,并可以自由取消订阅	
	H4	我可以决定是否开始或终止与该零售商内容的互动	
	H5	我觉得个人资料放在该网站很安全,该零售商网站会对我的个人资料进行保密	
	H6	该零售商网站会保密我的交易及支付信息等,不会发生泄密	

（二）信任的界定和测量

信任作为一个多学科交叉的概念,目前学界仍未对其有一个统一的定义,学者们分别从多个学科视角对信任进行测量。麦卡利斯特（Mcallister）等（1995）认为,信任可分为认知型信任和情感型信任两个维度。迈耶（Mayer）等（1995）则提出三个维度,分别是能力、善意和正直。本书将信任界定为消费者在拥有选择主动权的情况下,宁愿放弃主动权,不顾自身利益可能受到的侵害而选择相信被信任方的状态。

在消费者与零售商互动时，由于存在信息不对称，消费者在感知风险上存在较大的差异，且线上网店和线下实体店之间感知风险是不对等的，因此消费者对线上网店的信任与对线下实体店的信任存在较大的差异。本书在对信任进行测量时，考虑线上、线下信任之间存在的不同，将信任分为线上信任和线下信任，从不同的视角进行测量。具体如表5-4所示。

表5-4 信任测量题项

维度	编码	测量题项	文献来源
线上信任（I）	I1	我觉得该零售商的网上商店会按照我的最佳利益行事，如当我在该零售商的网上商店购买商品时，其能够主动为我提供打折促销的信息等	帕普和奎斯特（2006）；贾拉和克利凯（2012）；汪旭晖和张其林（2015）
	I2	我觉得该零售商的网上商店会兑现向我作出的承诺，如履行退款保证和其他销售政策等	
	I3	我觉得该零售商的网上商店有能力满足我在交易过程中的大部分需求，如提供优质的产品和服务等	
线下信任（J）	J1	我觉得该零售商的实体商店会按照我的最佳利益行事，如当我在该零售商的实体商店购买商品时，其能够主动为我提供打折促销的信息等	帕普和奎斯特（2006）；贾拉和克利凯（2012）；汪旭晖和张其林（2015）
	J2	我觉得该零售商的实体商店会兑现向我作出的承诺，如履行退款退货保证和其他销售政策等	
	J3	我觉得该零售商的实体商店有能力满足我在交易过程中的大部分需求，如提供优质的产品或服务等	

（三）实体店形象的界定和测量

目前，在实体店形象的界定上，学者们走过了从最初从态度视角进行界定，到后来的从过程视角进行界定，再到从主观印象进行界定这样一个过程。本书将实体店形象界定为消费者对店铺印象的整体感知。

在实体店形象维度的划分上，贝克和格雷瓦尔（1994）将实体店形象分为"这个实体店是购物的好地方"等四个题项进行测量。格雷瓦尔等（1998）认为，实体店形象应该包括商店的物理环境等方面，并用七个题项进行测量。包和盛

(Sheng, 2011)则从商店服务、产品等方面对实体店形象进行测量。此外，部分学者选择从多个维度来对实体店形象进行测量，乔杜里等（1998）将商店形象分为员工服务、品质、产品款式、氛围、方便性、价格六个维度，并用实证的方法进行证明。唐和坦（2003）将商店形象分为产品、服务、氛围、便利性、声誉、促销、设施和售后服务八个维度。学者杨宜苗（2009）在研究店铺形象对消费者感知价值与交叉购买意愿的影响时，将店铺形象分为商品、服务、价格、便利、促销、气氛、设施和声誉等八个维度。吴洪刚（2013）在研究实体店形象对网上购物行为影响时，将实体店形象分为实体店空间形象、实体店价格形象、实体店氛围形象、实体店服务形象、实体店产品形象五个维度。由于消费者在日常接触零售商实体店的过程中，更多将实体店形象作为一个整体的概念，从整体上来判断其对消费者的影响。本书将实体店形象作为一个整体，用单个维度来测量。具体结果如表5-5所示。

表5-5 实体店形象测量题项

维度	编码	测量题项	文献来源
实体店形象（K）	K1	总体来说，我对该零售商实体店有好感	包和盛（2011）；格瑞沃等（1998）；贝克和格瑞沃（1994）
	K2	该零售商实体店出售高质量的产品	
	K3	该零售商实体店拥有乐于助人和知识丰富的销售人员	
	K4	该零售商实体店的购物氛围很好	

（四）涉入度的界定和测量

涉入度最早由谢里夫和肯切尔（1947）提出，后经学者克鲁曼（1965）引入到营销领域。马蒂斯等（2013）认为，涉入度是个人与感知对象的相关性。在涉入度测量上，较公认的是扎耶科夫斯基（1985）开发的个人涉入度量表及劳伦特和卡普费雷（1985）开发的消费者涉入度量表。

在消费者与零售商在互动过程中，消费者往往会选择与自身利益、需求等相关的信息进行交流，所涉及的都是消费者感兴趣的产品和相关的信息。因此，本书在涉入度的测量上，主要从需求、价值和兴趣的视角出发进行测量。具体结果如表 5-6 所示。

表 5-6　涉入度测量题项

维度	编码	测量题项	文献来源
涉入度（L）	L1	我在该零售商网上商店购买时会仔细挑选	扎耶科夫斯基（1985）；萨拉马和塔希扬（Slama, Tashchian, 1985）
	L2	我愿意花很多时间在该零售商网上商店中购买	
	L3	我对在该零售商网上商店中购买很感兴趣	

（五）零售商品牌权益的界定和测量

目前在零售商品牌权益概念的界定上，学者们主要参照哈特曼和斯皮罗（2005）对零售商品牌权益的界定，将零售商品牌权益界定为由零售企业以往营销努力所引起的消费者在商店知识方面对零售品牌的差异化反应效果。

在零售商品牌权益的测量上，阿内特（2003）将品牌权益划分为商店忠诚、名称认知、服务质量和零售商联想四个维度。帕普和奎斯特（2006）则将零售商品牌权益分为零售商认知、零售商联想、零售商感知质量、零售商忠诚四个维度。自帕普和奎斯特（2006）提出这四个维度后，吴锦峰等（2010），汪旭晖和张其林（2015，2017）基于这四个维度进行测量，此为四维度说。此外，奥沙瓦等（2001）认为，基于消费者品牌权益之上的品牌认知或联想、品牌忠诚和感知质量可以扩展到零售商品牌权益的测量，其将零售商品牌权益作为单个维度进行测量。怀特等（2013）在研究多渠道零售商品牌权益的服务效应时，将零售商品牌权益作为一个整体，并用"即使其他的零售商与该零售商有相同的特征，我将仍然偏好在该零售商处购买"等五项进行测量。由于消费者在不同渠道间所感知的差异客观存在，因此本书将零售商品牌权益作为整体进行测量。具体结果如表 5-7 所示。

表 5-7 零售商品牌权益测量题项

维度	编码	测量题项	文献来源
零售商品牌权益（M）	M1	即使其他零售商有与该零售商相同的特征，我仍偏好在该零售商处购物	奥沙瓦等（2001）；怀特等（2013）；吴锦峰等（2016）
	M2	与其他的同类型零售商相比，我对该零售商更忠诚	
	M3	即使竞争对手的表现与该零售商一样好，我仍偏好该零售商	
	M4	即使其他零售商与该零售商在各个方面无差别，在该零售商处购物仍是一种更聪明的行为	
	M5	与其他的同类型零售商相比，我对该零售商有更多的好感	

（六）感知零售商服务能力的界定和测量

在第四章，本书将感知零售商服务能力界定为消费者对多渠道零售商有效传递服务才能的评价，详细介绍了感知零售商服务能力的测量方法，并通过预调研和正式调研的方法对感知零售商服务能力的信度和效度进行了检验。该章将感知零售商服务能力分为信息能力、交易能力、补救能力和整合能力 4 个维度，共 16 项题项进行测量。其中，信息能力有 5 个题项进行测量，交易能力有 4 个题项进行测量，补救能力有 4 个题项进行测量，整合能力有 3 个题项进行测量。

本书是将感知零售商服务能力作为一个中介变量，从整体上研究其与其他变量之间的关系。因此，在研究过程中，选择将感知零售商服务能力作为一个整体，而不是从各个维度来研究其与其他变量之间的关系。而且，从整体概念入手有利于增强模型结构的稳定性。

在感知零售商服务能力的测量上，本书选择先对五个维度做平均值，然后以平均值作为整体来测量感知零售商服务能力，分别用 A^-、B^-、C^-、D^- 表示。

二、问卷的预调研

为保证问卷测量的有效性和准确性，在正式调查问卷之前进行了问卷的预调研。通过对预调研的数据结果进行分析，完成对问卷测量题项的修正，最终形成正式问卷。为保证预调研的效果，本书在问卷的第一部分中告知被调查对象本次问卷主要用于学术目的和为调查对象个人信息进行保密。问卷的第二部分为主体部分，主要采用李克特七点量表进行判断，其中1~7分别代表非常不同意、不同意、有点不同意、中立、有点同意、同意、非常同意。

（一）问卷调查方式与调查对象

预调研采用随机拦截的方式，在苏宁、沃尔玛等实体店拦截发放问卷218份，收回问卷218，回收率100%。通过询问消费者有没有在同一零售商实体店和网店购物的经历，以及写下该零售商的名称的语句，删除无效的问卷，共得到有效问卷206份，有效率为94.5%。具体如表5-8所示。

表 5-8　预调研受访者统计特征

特征	分类	样本数量	百分比	特征	分类	样本数量	百分比
性别	男	95	46.12%		专业人员	51	24.75%
	女	111	53.88%		教师	13	6.31%
年龄	未满18岁	1	0.49%		工人	4	1.94%
	18~24岁	29	14.08%		个体户或自由职业者	10	4.85%
	25~34岁	130	63.11%	职业	销售人员	10	4.85%
	35~44岁	44	21.36%		文职或办事人员	57	27.67%
	45岁以上	2	0.97%		无业或失业或下岗	1	0.49%
受教育程度	初中及以下	1	0.49%		退休	1	0.49%
	高中或中专	1	0.49%		其他	2	0.97%
	大专	21	10.19%		不足1000元	1	0.49%
	本科	170	82.52%		1000~3000元	14	6.80%
	硕士及以上	13	6.31%	个人月收入	3000~5000元	62	30.10%
职业	在校学生	3	1.46%		5000~10000元	93	45.15%
	技术人员	54	26.21%		10000元以上	36	17.48%

从表 5-8 可以得出，女性比例略高于男性，分别为 53.88% 和 46.12%。调查对象年龄段主要集中在 25~34 岁，占比为 63.11%。受教育程度以本科为主，占比为 82.52%。职业主要集中在技术人员、专业人员、文职或办事人员，占比分别为 26.21%、24.75% 和 27.76%。月收入主要集中在 3000~5000 元和 5000~10000 元两个阶段，占比分别为 30.10% 和 45.15%。

（二）问卷的信度和效度检验

本书涉及的变量有企业–消费者互动、信任、感知零售商服务能力、实体店形象、涉入度、零售商品牌权益，为保证测量题项的内部一致性和有效性，对测量变量进行信度和效度检验。

1. 问卷的信度检验

在信度检验上，本书参照吴明隆《问卷统计分析实物——SPSS 操作与应用》一书中信度的检验方法，采用修正的项目总相关（CITC）和 Cronbach's α 值分别对企业–消费者互动、信任、感知零售商服务能力、实体店形象、涉入度、零售商品牌权益进行分析。具体结果如表 5-9 所示。

表 5-9　预调研问卷变量的信度分析

变量	测量题项代码	修正的项目总相关（CITC）	项目删除时的 Cronbach's α 值	Cronbach's α 值
互动功能性（P）	P1	0.504	0.745	0.772
	P2	0.417	0.771	
	P3	0.622	0.713	
	P4	0.542	0.734	
	P5	0.495	0.744	
	P6	0.585	0.724	
互动信息性（F）	F1	0.669	0.884	0.896
	F2	0.703	0.880	
	F3	0.679	0.882	
	F4	0.711	0.879	

续表

变量	测量题项代码	修正的项目总相关（CITC）	项目删除时的Cronbach's α值	Cronbach's α值
互动信息性（F）	F5	0.701	0.880	0.896
	F6	0.722	0.877	
	F7	0.698	0.880	
互动响应性（G）	G1	0.504	0.796	0.811
	G2	0.559	0.785	
	G3	0.569	0.783	
	G4	0.500	0.799	
	G5	0.616	0.772	
	G6	0.696	0.756	
互动自主性（H）	H1	0.423	0.765	0.773
	H2	0.500	0.745	
	H3	0.506	0.743	
	H4	0.463	0.753	
	H5	0.580	0.724	
	H6	0.650	0.705	
线上信任（I）	I1	0.416	0.626	0.656
	I2	0.468	0.563	
	I3	0.526	0.488	
线下信任（J）	J1	0.617	0.657	0.762
	J2	0.548	0.733	
	J3	0.617	0.653	
零售商品牌权益（M）	M1	0.768	0.854	0.888
	M2	0.739	0.861	
	M3	0.702	0.871	
	M4	0.718	0.866	
	M5	0.719	0.866	
涉入度（L）	L1	0.504	0.709	0.734
	L2	0.581	0.620	
	L3	0.598	0.610	

续表

变量	测量题项代码	修正的项目总相关（CITC）	项目删除时的 Cronbach's α 值	Cronbach's α 值
实体店形象（K）	K1	0.652	0.739	0.805
	K2	0.602	0.764	
	K3	0.589	0.773	
	K4	0.641	0.745	
感知零售商服务能力（O）	A⁻	0.864	0.853	0.904
	B⁻	0.811	0.867	
	C⁻	0.769	0.883	
	D⁻	0.717	0.904	

由表 5-9 可以得出，所有变量的 Cronbach's α 值都大于 0.6。变量中除线上信任 Cronbach's α 值小于 0.7 外，其他变量的 Cronbach's α 值都大于 0.7，表明所测变量的信度较好，所有修正的项目总相关（CITC）都大于 0.4。项目删除时的 Cronbach's α 值均小于等于 Cronbach's α 值，表明问卷不需要删除其余的测量题项。具体标准如表 5-10 所示。

表 5-10 问卷的项目分析标准

题项	极端组比较	题项与总分相关		同质化检验		
	决断值	题项与总分相关	校正题项与总分相关	题项删除后的 α 值	共同性	因素负荷量
判断标准	≥3.000	≥0.400	≥0.400	≤量表信度	≥0.2	≥0.45

2. 问卷的效度检验

本书参照丘吉尔（1979）对问卷的内容效度进行检验。由于本书大部分的测量题项都源于国外学者，因此本书采用回译的方法进行检验，即将国外学者使用的量表翻译为中文，再由英语专业的人员将翻译后的中文译成英文，并将原始的英文题项与英文题项进行对比，然后请营销专业的博士生探讨，对各个变量的题项进行评价，判断其是否能够测量对应的变量。最终结果表明，本书所提变量具有良好的内容效度。

在结构效度上，本书在预调研选择进行探索性因子分析（EFA），使用Bartlett球体检验和KMO检验来检验其相关性，其中KMO为0.939，大于0.5，Bartlett球体检验的 P 值为0，表明问卷题项适合作因子分析。所采用的方法主要为主成分分析方法，采用最大方差法进行因子旋转。

（1）企业－消费者互动。本书企业－消费者互动的测量主要参照宋等（2008）、王等（2004）和毕达天（2014）等人的量表，分为互动功能性、互动信息性、互动响应性和互动自主性，共25个题项。探索性因子分析结果显示，其KMO为0.912，Bartlett球体检验的 P 值为0，表明适合作探索性因子分析。采用最大方差法，经过旋转后提出四个维度。具体结果如表5-11所示。

表5-11 预调研企业－消费者互动探索性因子分析

维度	代码	成分			
		因子1	因子2	因子3	因子4
互动功能性（P）	P1	0.295	2.43	-0.046	0.687
	P2	0.045	0.371	0.067	0.669
	P3	0.575	-0.065	0.214	0.557
	P4	0.170	0.059	0.243	0.684
	P5	-0.036	0.088	0.083	0.789
	P6	0.289	0.340	0.096	0.571
互动信息性（F）	F1	0.658	0.093	0.203	0.279
	F2	0.708	0.153	0.227	0.155
	F3	0.736	0.230	0.031	0.113
	F4	0.762	0.299	0.028	-0.044
	F5	0.753	0.010	0.223	0.165
	F6	0.680	0.309	0.168	0.164
	F7	0.683	0.312	0.152	0.061

续表

维度	代码	成分			
		因子 1	因子 2	因子 3	因子 4
互动响应性（G）	G1	0.324	0.497	0.263	0.157
	G2	0.113	0.530	0.450	0.221
	G3	0.158	0.795	0.160	0.073
	G4	0.148	0.673	0.183	0.183
	G5	0.431	0.539	0.352	−0.287
	G6	0.435	0.496	0.405	−0.111
互动自主性（H）	H1	0.229	0.163	0.618	0.242
	H2	0.059	0.158	0.749	0.129
	H3	0.262	0.117	0.639	−0.118
	H4	0.378	0.158	0.525	−0.144
	H5	0.065	0.374	0.619	0.256
	H6	0.151	0.540	0.513	0.182

由表 5-11 可以得出，企业–消费者互动通过最大方差法旋转后，共提取 4 个特征值大于 1 的因子，累计方差贡献率达到 58.577%。吴明隆认为，因子载荷小于 0.32，应该舍弃，其建议因子载荷的标准最好在 0.4 以上，此时共同因素可以解释题项的 16%。表 5-11 中，所有因子载荷的数值都在 0.4 以上，除 G1、G6 小于 0.5 外，其余的因子载荷都大于 0.5，表明共同因素对题项变量的解释较好。

（2）信任。本书信任的测量主要参照帕普和奎斯特（2006）、贾拉和克利凯（Jara，Cliquet，2012）、汪旭晖和张其林（2015）的量表进行，共包含线上信任和线下信任两个维度、6 个题项。探索性因子分析结果显示，其 KMO 为 0.777，大于 0.5，Bartlett 球体检验的 P 值为 0，表明适合做探索性因子分析。采用最大方差法，经过旋转后形成两个维度。具体结果如表 5-12 所示。

表 5-12 预调研信任探索性因子分析

维度	代码	成分	
		因子1	因子2
线上信任（I）	I1	0.749	0.206
	I2	0.860	0.069
	I3	0.745	0.250
线下信任（J）	J1	0.184	0.881
	J2	0.428	0.603
	J3	0.530	0.622

由表 5-12 可以得出，信任通过最大方差法旋转后，共提取两个特征值大于 1 的因子，累计方差贡献率达到 66.498%。吴明隆认为，因子载荷小于 0.32，应该舍弃，其建议因子载荷的标准最好在 0.4 以上，此时共同因素可以解释题项的 16%。表 5-13 中，所有因子载荷的数值都在 0.6 上，表明共同因素对题项变量的解释较好。

（3）零售商品牌权益。本书零售商品牌权益的测量主要参照奥沙瓦等（2001）、怀特等（2013）和吴锦峰（2016）等开发的量表，共 5 个题项进行。探索性因子分析结果显示，其 KMO 为 0.883，大于 0.5，Bartlett 球体检验的 P 值为 0，表明适合做探索性因子分析。具体结果如表 5-13 所示。

表 5-13 预调研零售商品牌权益探索性因子分析

变量	代码	成分
		因子
零售商品牌权益（M）	M1	0.860
	M2	0.840
	M3	0.812
	M4	0.824
	M5	0.824

由表 5-13 可以得出，零售商品牌权益累计方差贡献率达到 66.498%，所有因子载荷的数值都在 0.8 上，表明共同因素对题项变量的解释较好。

（4）涉入度。本书涉入度的测量主要参照扎耶科夫斯基（1985）、萨拉马和塔希扬（1985）开发的量表，共 3 个题项进行。探索性因子分析结果显示，其 KMO 为 0.675，大于 0.5，Bartlett 球体检验的 P 值为 0，表明适合做探索性因子分析。具体结果如表 5-14 所示。

表 5-14　预调研零售商品牌权益探索性因子分析

变量	代码	成分
		因子
涉入度（L）	L1	0.766
	L2	0.828
	L3	0.835

由表 5-14 可以得出，零售商品牌权益累计方差贡献率达到 65.635%，所有因子载荷的数值都在 0.7 上，表明共同因素对题项变量的解释较好。

（5）实体店形象。本书实体店形象的测量主要参照包和盛（2011）、格瑞沃等（1998）及贝克和格瑞沃（1994）开发的量表，共 4 个题项进行。探索性因子分析结果显示，其 KMO 为 0.764，大于 0.5，Bartlett 球体检验的 P 值为 0，表明适合做探索性因子分析。具体结果如表 5-15 所示。

表 5-15　预调研实体店形象探索性因子分析

变量	代码	成分
		因子
实体店形象（K）	K1	0.815
	K2	0.785
	K3	0.768
	K4	0.813

由表 5-15 可以得出，零售商品牌权益累计方差贡献率达到 63.268%，所有

因子载荷的数值都在 0.7 上，表明共同因素对题项变量的解释较好。

（6）感知零售商服务能力。本书在感知零售商服务能力的测量上，主要从信息能力、交易能力、补救能力和整合能力 4 个题项入手进行测量。探索性因子分析结果显示，其 KMO 为 0.831，大于 0.5，Bartlett 球体检验的 P 值为 0，表明适合做探索性因子分析。具体结果见表 5-16。

表 5-16　预调研感知零售商服务能力探索性因子分析

变量	代码	成分
		因子
感知零售商服务能力（O）	A⁻	0.931
	B⁻	0.903
	C⁻	0.873
	D⁻	0.834

由表 5-16 可以得出，感知零售商服务能力累计方差贡献率达到 78.501%，所有因子载荷的数值都在 0.8 上，表明共同因素对题项变量的解释较好。

本章主要对模型进行构建，并提出相应的假设。对自变量互动功能性、互动信息性、互动响应性、互动自主性，中介变量线上信任、线下信任、感知零售商服务能力，调节变量实体店形象、涉入度，因变量零售商品牌权益进行测量，并通过预调研对信度和效用进行检验。

第六章 数据分析

本章主要完成数据的收集及模型假设的验证。本章先进行相应的数据收集，之后对调查对象的特征进行描述性统计分析。在此基础上，进行本书的信度和效度检验。最后，运用结构方法模型对本书的整体模型进行分析判断及相应的中介检验，并通过 SPSS 对相应的调节效应进行检验。

第一节 样本概况

本书的正式问卷分三个部分。第一部分为调研目的，主要向被调查者说明本书数据收集主要用于学术目的及被调查者个人信息资料进行保密等；第二部分为问卷的主体部分，主要为相关变量的测量，具体包括企业－消费者互动、零售商品牌权益、信任、感知零售商服务能力、涉入度和实体店形象；第三部分为被调查对象受访者个人的信息特征，包含对性别、年龄、学历、职业和收入的测量。

一、数据收集

本书正式调研采用问卷发放的方式，通过对问卷的调查来检验问卷的信度和效度，调查选择随机拦截的方式，共发放问卷 536 份，收回问卷 536 份，回收率100%。问卷中通过加入"消费者有没有在同一零售商实体店和网店购物的经历"及"让消费者写下该零售商的名称"两个限制语句来筛选合格的问卷。此外，本书还对无效、未填或多选的问卷进行了删减，共得到有效问卷450份，有效率为83.96%，涉及服装、鞋、家电、餐饮、化妆品、手机等行业，涉及苏宁、国美、银泰、屈臣氏、华润、沃尔玛等大型连锁超市。具体结果见表6-1。

表6-1 调研受访者统计特征

特征	分类	样本数量	百分比	特征	分类	样本数量	百分比
性别	男	213	47.33%		专业人员	104	23.11%
	女	237	52.67%		教师	25	5.56%
年龄	未满18岁	1	0.22%		工人	12	2.67%
	18~24岁	64	14.22%		个体户或自由职业者	25	5.56%
	25~34岁	227	50.44%	职业	销售人员	25	5.56%
	35~44岁	142	31.56%		文职或办事人员	119	26.44%
	55岁以上	16	3.56%		无业、失业或下岗	4	0.89%
受教育程度	初中及以下	2	0.44%		退休	4	0.89%
	高中或中专	22	4.89%		其他	12	2.67%
	大专	78	17.33%		不足1000元	20	4.44%
	本科	314	69.78%		1000~3000元	43	9.56%
	硕士及以上	34	7.56%	个人月收入	3000~5000元	138	30.67%
职业	在校学生	33	7.33%		5000~10000元	182	40.44%
	技术人员	87	19.33%		10000元以上	67	14.89%

从表6-1可以得出，受访者比例女生略高于男生，分别为52.67%和47.33%。调查对象年龄段主要集中在25~34岁，占比为50.44%。学历以本科

为主，占比为 69.78%。职业主要集中在技术人员、专业人员、文职或办事人员，占比分别为 19.33%、23.11% 和 26.44%。月收入主要集中在 3000~5000 元和 5000~10000 元这个阶段，占比分别为 30.67% 和 40.44%。购物人群与中国互联网络信息中心调查显示的购物人群相一致。

二、问卷的信度和效度检验

本书涉及的变量有企业-消费者互动、信任、感知零售商服务能力、实体店形象、涉入度、零售商品牌权益，为保证测量题项的内部一致性和有效性，对测量变量进行信度和效度检验。

（一）问卷的信度检验

本书在信度检验上，参照吴明隆（2009）《问卷统计分析实物——SPSS 操作与应用》一书中信度的检验方法，采用修正的项目总相关（CITC）和 Cronbach's α 值分别对企业-消费者互动、信任、感知零售商服务能力、实体店形象、涉入度、零售商品牌权益进行分析。具体结果见表 6-2。

表 6-2 调研问卷变量的信度分析

变量	测量题项代码	修正的项目总相关（CITC）	项目删除时的 Cronbach's α 值	Cronbach's α 值
互动功能性（P）	P1	0.571	0.784	0.812
	P2	0.509	0.802	
	P3	0.669	0.762	
	P4	0.615	0.774	
	P5	0.567	0.785	
	P6	0.551	0.788	

续表

变量	测量题项代码	修正的项目总相关（CITC）	项目删除时的Cronbach's α 值	Cronbach's α 值
互动信息性（F）	F1	0.647	0.880	0.891
	F2	0.722	0.870	
	F3	0.677	0.876	
	F4	0.701	0.873	
	F5	0.688	0.874	
	F6	0.684	0.875	
	F7	0.685	0.875	
互动响应性（G）	G1	0.530	0.780	0.803
	G2	0.571	0.770	
	G3	0.582	0.767	
	G4	0.540	0.778	
互动响应性（G）	G5	0.513	0.783	0.803
	G6	0.637	0.758	
互动自主性（H）	H1	0.455	0.788	0.797
	H2	0.550	0.767	
	H3	0.559	0.765	
	H4	0.510	0.775	
	H5	0.632	0.746	
	H6	0.606	0.753	
线上信任（I）	I1	0.523	0.710	0.753
	I2	0.668	0.649	
	I3	0.600	0.608	
线下信任（J）	J1	0.602	0.705	0.775
	J2	0.584	0.724	
	J3	0.645	0.658	

续表

变量	测量题项代码	修正的项目总相关（CITC）	项目删除时的Cronbach's α 值	Cronbach's α 值
零售商品牌权益（M）	M1	0.697	0.841	0.869
	M2	0.700	0.840	
	M3	0.693	0.842	
	M4	0.682	0.845	
	M5	0.698	0.841	
涉入度（L）	L1	0.494	0.700	0.726
	L2	0.572	0.610	
	L3	0.582	0.600	
实体店形象（K）	K1	0.640	0.728	0.795
	K2	0.560	0.767	
	K3	0.621	0.737	
	K4	0.605	0.745	
感知零售商服务能力（O）	A	0.847	0.844	0.898
	B	0.808	0.856	
	C	0.780	0.865	
	D	0.675	0.806	

由表6-2可以得出，所有变量的Cronbach's α 值都大于0.6。变量中互动自主性、线上信任、线下信任、涉入度和实体店形象Cronbach's α 值小于0.8，其他变量的Cronbach's α 值都大于0.8，表明所测变量的信度较好，所有修正的项目总相关（CITC）都大于0.4，项目删除时的Cronbach's α 值均小于等于Cronbach's α 值，表明问卷不需要删除其余的测量题项。

（二）问卷的效度检验

本书参照丘吉尔（1979）对问卷的内容效度进行检验。由于本书大部分的测量题项都源于国外学者，因此本书采用回译的方法进行检验。通过将国外学者使用的量表翻译为中文，再由英语专业的人员将翻译后的中文译成英文，并将原始的英文题项与英文题项进行对比。然后请营销专业的博士生探讨，对各个变量的题项进行评价，判断其能否能够测量对应的变量。最终结果表明本书所提变量具有良好的内容效度。

在结构效度上，由于本书的大部分题项都来源于国外学者的量表，因此本书在正式问卷调研时选择进行验证性因子分析（CFA）。具体结果如表6-3所示。

表6-3　调研问卷变量的结构效度分析

变量	测量题项代码	因子载荷	平均变异抽取量（AVE）	组合信度（CR）
互动功能性（P）	P1	0.758	0.5454	0.8779
	P2	0.781		
	P3	0.749		
	P4	0.702		
	P5	0.709		
	P6	0.729		
互动信息性（F）	F1	0.695	0.5389	0.891
	F2	0.766		
	F3	0.730		
	F4	0.743		
	F5	0.732		
	F6	0.734		
	F7	0.685		
互动响应性（G）	G1	0.75	0.5358	0.8736
	G2	0.716		
	G3	0.765		
	G4	0.729		
	G5	0.754		
	G6	0.637		

续表

变量	测量题项代码	因子载荷	平均变异抽取量（AVE）	组合信度（CR）
互动自主性（H）	H1	0.681	0.5369	0.8741
	H2	0.708		
	H3	0.741		
	H4	0.737		
	H5	0.762		
	H6	0.764		
线上信任（I）	I1	0.671	0.5241	0.7672
	I2	0.757		
	I3	0.741		
线下信任（J）	J1	0.7	0.537	0.7762
	J2	0.705		
	J3	0.79		
零售商品牌权益（M）	M1	0.759	0.5715	0.8695
	M2	0.759		
	M3	0.740		
	M4	0.739		
	M5	0.782		
涉入度（L）	L1	0.702	0.5694	0.7983
	L2	0.789		
	L3	0.77		
实体店形象（K）	K1	0.728	0.5691	0.8404
	K2	0.791		
	K3	0.796		
	K4	0.698		
感知零售商服务能力（O）	A⁻	0.707	0.7046	0.9044
	B⁻	0.854		
	C⁻	0.863		
	D⁻	0.919		

由表 6-3 可以得出，感知零售商服务能力各个维度测量的因子载荷都在 0.4 以上。平均变异抽取量（AVE）大于 0.5，表明模型的内在质量较高，收敛效度较好。

第二节 假设检验

一、主模型假设

本书使用 SPSS 20.0 和 Amos 22.0 对主模型假设进行检验，具体结果见表 6-4。

表 6-4 路径模型分析结果

假设	路径	标准化的估计值	P 值	结论
H1	企业消费者互动—信任	0.940	***	支持
H1a	互动功能性—线上信任	−0.357	***	不支持
H1b	互动功能性—线下信任	−0.207	***	不支持
H1c	互动信息性—线上信任	0.564	***	支持
H1d	互动信息性—线下信任	0.410	***	支持
H1e	互动响应性—线上信任	0.377	***	支持
H1f	互动响应性—线下信任	0.367	***	支持
H1g	互动自主性—线上信任	0.564	***	支持
H1h	互动自主性—线下信任	0.689	***	支持
H2	信任—零售商品牌权益	0.421	0.048	支持
H2a	线上信任—零售商品牌权益	−0.180	***	不支持
H2b	线下信任—零售商品牌权益	0.573	***	支持
H3	企业消费者互动—零售商品牌权益	0.760	***	支持
H3a	互动功能性—零售商品牌权益	−0.017	0.713	不支持
H3b	互动信息性—零售商品牌权益	0.437	***	支持

续表

假设	路径	标准化的估计值	P值	结论
H3c	互动响应性—零售商品牌权益	0.231	***	支持
H3d	互动自主性—零售商品牌权益	0.445	***	支持
H4	企业消费者互动—感知零售商服务能力	0.390	0.004	支持
H4a	互动功能性—感知零售商服务能力	−0.211	***	不支持
H4b	互动信息性—感知零售商服务能力	0.523	***	支持
H4c	互动响应性—感知零售商服务能力	0.444	***	支持
H4d	互动自主性—感知零售商服务能力	0.573	***	支持
H5	感知零售商服务能力—零售商品牌权益	0.379	***	支持
H8	感知零售商服务能力—信任	0.950	***	支持
H8a	感知零售商服务能力—线上信任	0.974	***	支持
H8b	感知零售商服务能力—线下信任	0.903	***	支持

注：表中的 *** 代表 P 值小于 0.001。

二、中介检验

本书在中介检验上，参照赵（Zhao）等（2010）中介检验流程。先检验自变量与中介变量的系数 a 与中介变量与因变量的系数 b 之间的乘积，若 ab 显著则存在中介效应，若 ab 不显著则不存在中介效应。在此基础上，对控制中介后自变量与因变量之间的系数 c' 进行检验，若 c' 显著，则为部分中介。若 c' 不显著，则为完全中介。若自变量与中介变量的系数 a 与中介变量与因变量的系数 b 及控制中介后自变量与因变量之间的系数 c' 的积为正，则为互补中介。若 c' 不显著，则为完全中介。若自变量与中介变量的系数 a 与中介变量与因变量的系数 b 及控制中介后自变量与因变量之间的系数 c' 的积为负，则为竞争中介。陈瑞等（2014）认为在 Bootstrap 中介效应检验流程中，若间接效应区间不含 0，则 ab 显著，存在中介效应。若在此基础上间接效应区间含 0，则 ab 不显著，不存在中介效应。若直接效应区间含 0，c' 不显著，则为完全中介。直接效应区间不含 0，则 c' 显著，为部分中介。本书主要用 Amos 进行检验，迭代次数为 2000，置信区间为 95%。具体结果见表 6-5 和表 6-6。

表 6-5 基于信任的中介检验

效应	自举检验			
	95% 的自信校准区间		95% 的自信百分位区间	
	Lower	Upper	Lower	Upper
总效应	0.679	0.829	0.688	0.833
间接效应	0.224	0.919	0.205	0.863
直接效应	−0.157	0.568	−0.113	0.588

由表 6-5 可以得出，企业消费者互动与零售商品牌权益的间接效应区间在（0.224，0.919），区间不含 0，表明存在中介效应。企业消费者互动与零售商品牌权益的直接效应区间在（−0.157，0.568），区间包含 0，表明存在完全中介作用。其中模型 RMSEA=0.062，GFI=0.914，IFI=0.978，TLI=0.968，CFI=0.977。

表 6-6 基于感知零售商服务能力的中介检验

效应	自举检验			
	95% 的自信校准区间		95% 的自信百分位区间	
	Lower	Upper	Lower	Upper
总效应	0.682	0.829	0.689	0.832
间接效应	0.134	0.673	0.124	0.667
直接效应	0.058	0.649	0.077	0.662

由表 6-6 可以得出，企业消费者互动与零售商品牌权益的间接效应区间在（0.134，0.673），区间不含 0，表明存在中介效应。企业消费者互动与零售商品牌权益的直接效应区间在（0.058，0.649），区间不包含 0，表明存在部分中介作用。其中模型 RMSEA=0.065，GFI=0.907，IFI=0.986，TLI=0.976，CFI=0.985。

三、调节效应检验

本书在涉入度调节效应的检验上，参照温忠麟等（2005）对调节效应的检验方法。温忠麟等（2005）认为当自变量（X）为类别变量、调节变量（M）为类别变量时，采用方差分析进行处理。当自变量（X）为类别变量、调节变量（M）为连续变量时，先将自变量（X）和调节变量（M）去中心化，然后采用层次回归分析。通过先做因变量（Y）对自变量（X）和调节变量（M）的回归，测定相关系数 R^2_1；再做因变量（Y）对自变量（X）、调节变量（M）和自变量（X）与调节变量（M）的回归，测定相关系数 R^2_2；然后，将 R^2_2 与 R^2_1 进行比较，以此来判断调节效应。当自变量（X）为连续变量、调节变量（M）为类别时，则采用分组回归，按 M 值分组。当自变量（X）为连续变量、调节变量（M）为连续变量时，先将自变量（X）和调节变量（M）去中心化，然后采用层次回归分析。

（一）涉入度对企业－消费者互动与感知零售商服务能力的调节作用

本书采用 SPSS 20.0 对企业－消费者互动、涉入度和感知零售商服务能力进行分析。具体结果见表 6-7。

表 6-7 企业－消费者互动、涉入度与感知零售商服务能力回归分析

模型		R^2	调整 R^2	标准误差	非标准化系数	标准误差	标准系数	T 值	P 值
1	常量	0.631	0.630	0.608	0.000	0.029		0.000	1.000
	企业－消费者互动				0.794	0.029	0.794	27.680	0.000
2	常量	0.693	0.692	0.555	0.000	0.026		0.000	1.000
	企业－消费者互动				0.538	0.038	0.536	14.210	0.000
	涉入度				0.359	0.038	0.359	9.504	0.000

续表

模型		R^2	调整 R^2	标准误差	非标准化系数	标准误差	标准系数	T 值	P 值
3	常量	0.708	0.706	0.542	0.061	0.029		2.143	0.033
	企业-消费者互动				0.515	0.037	0.515	13.886	0.000
	涉入度				0.309	0.038	0.309	8.048	0.000
	企业-消费者互动 × 涉入度				-0.086	0.018	-0.139	-4.748	0.000

由表6-7可以发现，模型1到模型3，R^2增幅分别为0.062、0.015，企业-消费者互动 × 涉入度的系数为-0.086，P值为0，小于0.05，系数显著，假设H6成立即涉入度在企业-消费者互动与感知零售商服务能力之间发挥调节作用。

为了研究企业-消费者互动与零售商服务能力的关系随涉入度变化的趋势，本书绘制了相应的交互效应图，如图6-1所示。

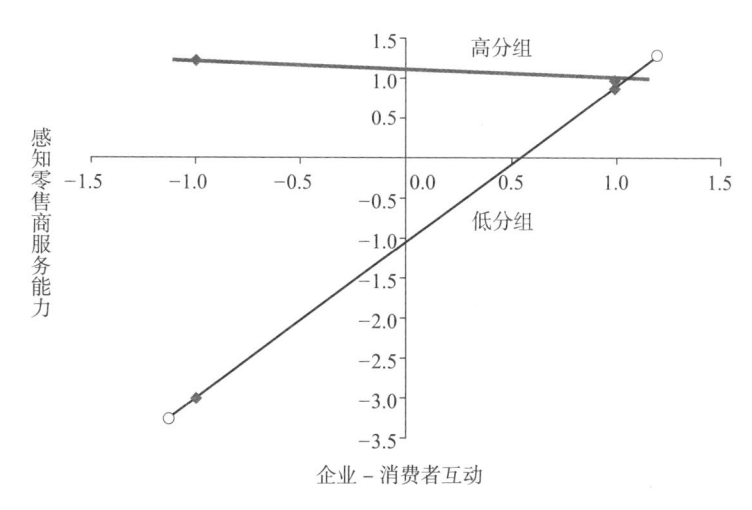

图 6-1 涉入度对企业-消费者互动与感知零售商服务能力的调节效应

由图 6-1 可以发现，在消费者涉入度高分组的前提下，随着企业－消费者互动的增加，感知零售商服务能力会减少，即高涉入度会弱化企业－消费者互动对感知零售商服务能力的影响。在消费者低涉入度低分组的前提下，随着企业－消费者互动的增加，感知零售商服务能力会增加，即低涉入度会增强企业－消费者互动对感知零售商服务能力的影响。

1. 涉入度对互动功能性与感知零售商服务能力的调节作用

本书采用 SPSS 20.0 对互动功能性、涉入度和感知零售商服务能力进行分析。具体结果见表 6-8。

表 6-8　互动功能性、涉入度与感知零售商服务能力回归分析

模型		R^2	调整 R^2	标准误差	非标准化系数	标准误差	标准系数	T 值	P 值
1	常量	0.347	0.345	0.809	0.000	0.038		0.000	1.000
	互动功能性				0.589	0.038	0.589	15.414	0.000
2	常量	0.594	0.592	0.639	0.000	0.030		0.000	1.000
	互动功能性				0.241	0.037	0.241	6.560	0.000
	涉入度				0.606	0.037	0.606	16.480	0.000
3	常量	0.612	0.609	0.625	0.062	0.032		1.907	0.057
	互动功能性				0.250	0.036	0.250	6.928	0.000
	涉入度				0.539	0.039	0.539	13.894	0.000
	互动功能性 × 涉入度				−0.108	0.023	−0.149	−4.597	0.000

由表 6-8 可以发现，模型 1 到模型 3，R^2 增幅分别为 0.247、0.018，互动功能性 × 涉入度的系数为 −0.108，P 值为 0，小于 0.05，系数显著。由于互动的功能性与感知零售商服务能力之间呈现负相关关系，与本书的假设不一致。因此本书认为涉入度对互动功能性与感知零售商服务能力的调节作用不成立，假

设 H6a 不成立。

2. 涉入度对互动信息性与感知零售商服务能力的调节作用

本书采用 SPSS 20.0 对互动信息性、涉入度和感知零售商服务能力进行分析。具体结果见表 6-9。

表 6-9　互动信息性、涉入度与感知零售商服务能力回归分析

模型		R^2	调整 R^2	标准误差	非标准化系数	标准误差	标准系数	T 值	P 值
1	常量	0.506	0.505	0.703	0.000	0.033		0.000	1.000
	互动功能性				0.711	0.033	0.711	21.430	0.000
2	常量	0.633	0.631	0.607	0.000	0.029		0.000	1.000
	互动功能性				0.382	0.039	0.382	9.778	0.000
	涉入度				0.485	0.039	0.485	12.423	0.000
3	常量	0.652	0.649	0.592	0.065	0.031		2.112	0.035
	互动功能性				0.353	0.039	0.353	9.153	0.000
	涉入度				0.436	0.039	0.436	11.064	0.000
	互动功能性 × 涉入度				−0.096	0.020	−0.155	−4.922	0.000

由表 6-9 可以发现，从模型 1 到模型 3，R^2 增幅分别为 0.127、0.019，互动信息性 × 涉入度的系数为 −0.096，P 值为 0，小于 0.05，系数显著，假设 H6b 成立，即涉入度在互动信息性与感知零售商服务能力之间发挥调节作用。

为了研究互动信息性与零售商服务能力的关系随涉入度变化的趋势，本书绘制了相应的交互效应图，如图 6-2 所示。

由图 6-2 可以发现，在消费者涉入度高分组的前提下，随着互动信息性的增加，感知零售商服务能力会减少，即高涉入度会弱化互动信息性对感知零售商服务能力的影响。在消费者低涉入度低分组的前提下，随着互动信息性的增加，感知零售商服务能力会增加，即低涉入度会增强互动信息性对感知零售商服务能力的影响。

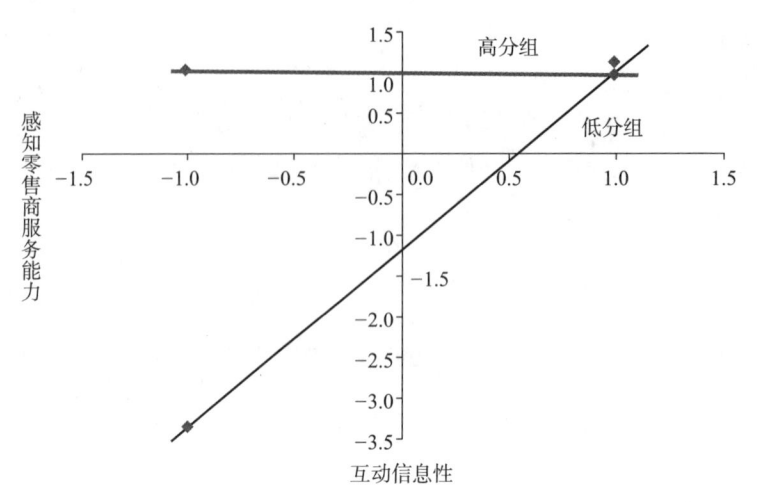

图 6-2　涉入度对互动信息性与感知零售商服务能力的调节效应

3. 涉入度对互动响应性与感知零售商服务能力的调节作用

本书采用 SPSS 20.0 对互动响应性、涉入度和感知零售商服务能力进行分析，结果见表 6-10。

表 6-10　互动响应性、涉入度与感知零售商服务能力回归分析

模型		R^2	调整 R^2	标准误差	非标准化系数	标准误差	标准系数	T 值	P 值
1	常量	0.530	0.529	0.686	0.000	0.032		0.000	1.000
	互动响应性				0.728	0.032	0.728	22.483	0.000
2	常量	0.668	0.666	0.578	0.000	0.027		0.000	1.000
	互动响应性				0.431	0.035	0.431	12.340	0.000
	涉入度				0.475	0.035	0.475	13.597	0.000
3	常量	0.686	0.684	0.562	0.063	0.029		2.165	0.031
	互动响应性				0.423	0.034	0.423	12.445	0.000
	涉入度				0.408	0.036	0.408	11.205	0.000
	互动响应性 × 涉入度				−0.101	0.020	−0.154	−5.144	0.000

由表6-10可以发现，从模型1到模型3，R^2增幅分别为0.138、0.018，互动响应性 × 涉入度的系数为 −0.101，P值为0，小于0.05，系数显著，假设H6c成立，即涉入度在互动响应性与感知零售商服务能力之间发挥调节作用。

为了研究互动响应性与零售商服务能力的关系随涉入度变化的趋势，本书绘制了相应的交互效应图，如图6-3所示。

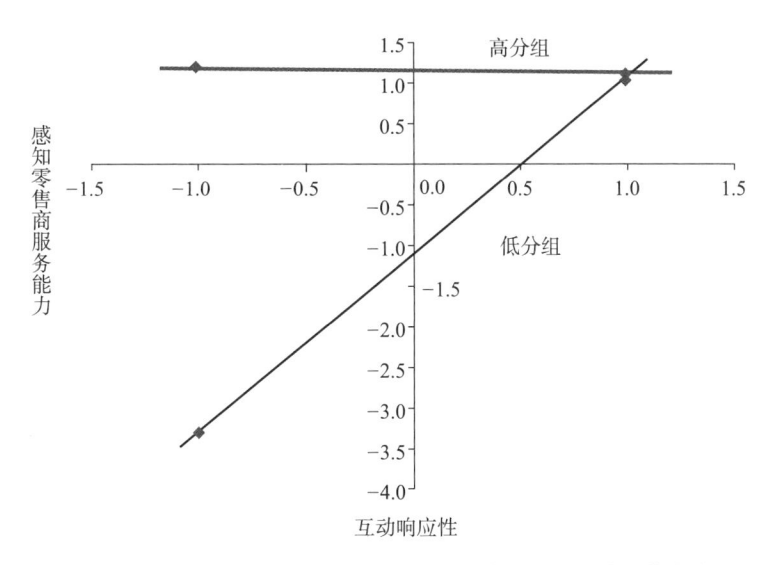

图6-3　涉入度对互动响应性与感知零售商服务能力的调节效应

由图6-3可以发现，在消费者涉入度高分组的前提下，随着互动响应性的增加，感知零售商服务能力会减少，即高涉入度会弱化互动响应性对感知零售商服务能力的影响。在消费者低涉入度低分组的前提下，随着互动响应性的增加，感知零售商服务能力会增加，即低涉入度会增强互动响应性对感知零售商服务能力的影响。

4. 涉入度对互动自主性与感知零售商服务能力的调节作用

本书采用SPSS 20.0对互动自主性、涉入度和感知零售商服务能力进行分析，结果见表6-11。

表 6-11　互动自主性、涉入度与感知零售商服务能力回归分析

模型		R^2	调整 R^2	标准误差	非标准化系数	标准误差	标准系数	T 值	P 值
1	常量	0.567	0.566	0.659	0.000	0.031		0.000	1.000
	互动自主性				0.753	0.031	0.753	24.197	0.000
2	常量	0.685	0.684	0.563	0.000	0.027		0.000	1.000
	互动自主性				0.469	0.034	0.469	13.607	0.000
	涉入度				0.446	0.034	0.446	12.961	0.000
3	常量	0.707	0.705	0.543	0.070	0.028		2.482	0.013
	互动自主性				0.467	0.033	0.467	14.037	0.000
	涉入度				0.375	0.035	0.375	10.575	0.000
	互动自主 × 涉入度				−0.111	0.019	−0.166	−5.806	0.000

由表 6-11 可以发现，从模型 1 到模型 3，R^2 增幅分别为 0.118、0.022，互动自主性 × 涉入度的系数为 −0.111，P 值为 0，小于 0.05，系数显著，假设 H6c 成立，即涉入度在互动自主性与感知零售商服务能力之间发挥调节作用。

为了研究互动自主性与零售商服务能力的关系随涉入度变化的趋势，本书绘制了相应的交互效应图，如图 6-4 所示。

由图 6-4 可以发现，在消费者涉入度高分组的前提下，随着互动自主性的增加，感知零售商服务能力会减少，即高涉入度会弱化互动自主性对感知零售商服务能力的影响。在消费者低涉入度低分组的前提下，随着互动自主性的增加，感知零售商服务能力会增加，即低涉入度会增强互动自主性对感知零售商服务能力的影响。

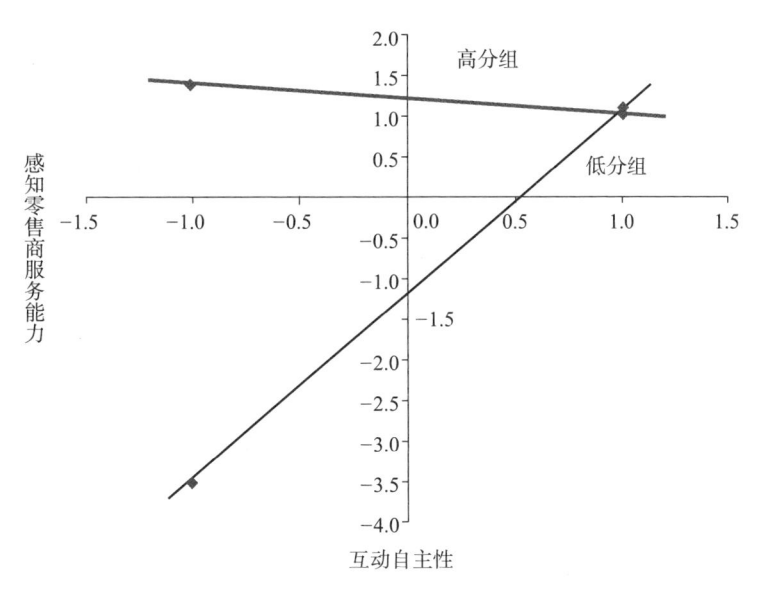

图 6-4　涉入度对互动自主性与感知零售商服务能力的调节效应

（二）实体店形象调节效应检验

本书在实体店调节效应的检验上，参照温忠麟等（2005）对调节效应的检验方法。采通过做因变量（Y）对自变量（X）和调节变量（M）的回归，测定相关系数 R_1^2；再做因变量（Y）对自变量（X）、调节变量（M）和自变量（X）与调节变量（M）的回归，测定相关系数 R_2^2；最后，将 R_2^2 与 R_1^2 进行比较，以此来判断调节效应。

1. 实体店形象对企业-消费者互动与信任的调节作用

本书采用 SPSS 20.0 对企业-消费者互动、实体店形象和信任进行分析，结果见表 6-12。

由表 6-12 可以发现，从模型 1 到模型 3，R^2 增幅分别为 0.046、0.006，企业-消费者互动 × 实体店形象的系数为 0.052，P 值为 0.12，小于 0.05，系数显著，假设 H7 成立，即实体店形象在企业-消费者互动与信任之间发挥调节作用。

表 6-12　企业–消费者互动、实体店形象与信任回归分析

模型		R^2	调整 R^2	标准误差	非标准化系数	标准误差	标准系数	T 值	P 值
1	常量	0.547	0.546	0.674	0.000	0.032		0.000	1.000
	企业–消费者互动				0.739	0.032	0.739	23.242	0.000
2	常量	0.593	0.591	0.639	0.000	0.030		0.000	1.000
	企业–消费者互动				0.478	0.048	0.478	10.057	0.000
	实体店形象				0.339	0.048	0.339	7.131	0.000
3	常量	0.599	0.596	0.636	0.040	0.034		1.176	0.240
	企业–消费者互动				0.469	0.047	0.469	9.901	0.000
	实体店形象				0.306	0.049	0.306	6.237	0.000
	企业–消费者互动 × 实体店形象				0.052	0.021	0.086	2.517	0.120

为了研究企业–消费者互动与信任的关系随实体店形象变化的趋势，本书绘制了相应的交互效应图，如图 6-5 所示。

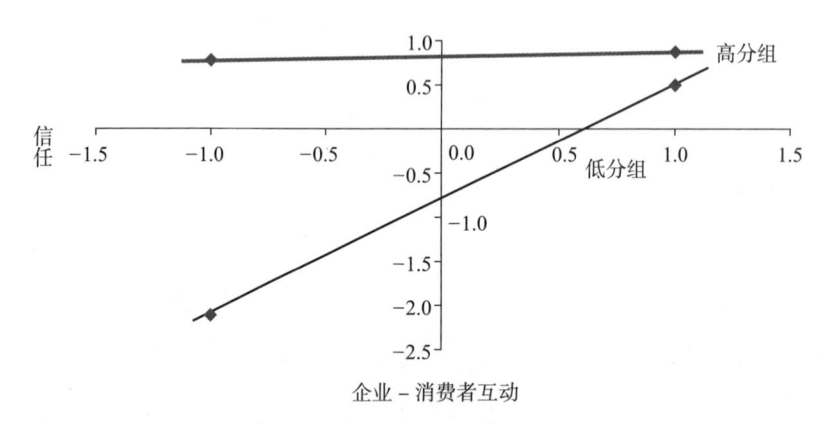

图 6-5　实体店形象对企业–消费者互动与信任的调节效应

由图 6-5 可以发现，不管在实体店形象高分组的前提下，还是在实体店形象低分组的前提下，随着企业–消费者互动的增加，消费者对零售商的信任都

会增加，即实体店形象会增强企业-消费者互动对零售商信任的影响。

2. 实体店形象对企业-消费者互动与线上信任的调节作用

本书采用 SPSS 20.0 对企业-消费者互动、实体店形象和线上信任进行分析，结果见表 6-13。

表 6-13 企业-消费者互动、实体店形象与线上信任回归分析

模型		R^2	调整 R^2	标准误差	非标准化系数	标准误差	标准系数	T 值	P 值
1	常量	0.413	0.412	0.767	0.000	0.036		0.000	1.000
	企业-消费者互动				0.643	0.036	0.643	17.771	0.000
2	常量	0.448	0.446	0.745	0.000	0.035		0.000	1.000
	企业-消费者互动				0.417	0.055	0.417	7.536	0.000
	实体店形象				0.293	0.055	0.293	5.294	0.000
3	常量	0.449	0.445	0.745	0.012	0.040		0.296	0.767
	企业-消费者互动				0.414	0.056	0.414	7.463	0.000
	实体店形象				0.283	0.057	0.283	4.927	0.000
	企业-消费者互动×实体店形象				0.015	0.024	0.025	0.634	0.527

由表 6-13 可以发现，模型 1 到模型 3，R^2 增幅分别为 0.035、0.001，企业-消费者互动 × 线上信任的系数为 0.015，P 值为 0.527，大于 0.05，系数不显著，假设 H7a 不成立即实体店形象在企业-消费者互动与线上信任之间不发挥调节作用。

3. 实体店形象对企业-消费者互动与线下信任的调节作用

本书采用 SPSS 20.0 对企业-消费者互动、实体店形象和线下信任进行分析，结果见表 6-14。

表 6-14　企业-消费者互动、实体店形象与线下信任回归分析

模型		R^2	调整 R^2	标准误差	非标准化系数	标准误差	标准系数	T 值	P 值
1	常量	0.495	0.494	0.711	0.000	0.034		0.000	1.000
	企业-消费者互动				0.704	0.034	0.704	20.973	0.000
2	常量	0.538	0.536	0.681	0.000	0.032		0.000	1.000
	企业-消费者互动				0.454	0.051	0.454	8.965	0.000
	实体店形象				0.324	0.051	0.324	6.394	0.000
3	常量	0.548	0.545	0.675	0.054	0.036		1.491	0.137
	企业-消费者互动				0.442	0.050	0.442	8.793	0.000
	实体店形象				0.279	0.052	0.279	5.369	0.000
	企业-消费者互动 × 实体店形象				0.007	0.022	0.115	3.192	0.002

由表 6-14 可以发现，从模型 1 到模型 3，R^2 增幅分别为 0.043、0.01，企业-消费者互动 × 线上信任的系数为 0.007，P 值为 0.002，小于 0.05，系数显著，假设 H7b 成立，即实体店形象在企业-消费者互动与线下信任之间发挥调节作用。

为了研究企业-消费者互动与信任的关系随实体店形象变化的趋势，本书绘制了相应的交互效应图，如图 6-6 所示。

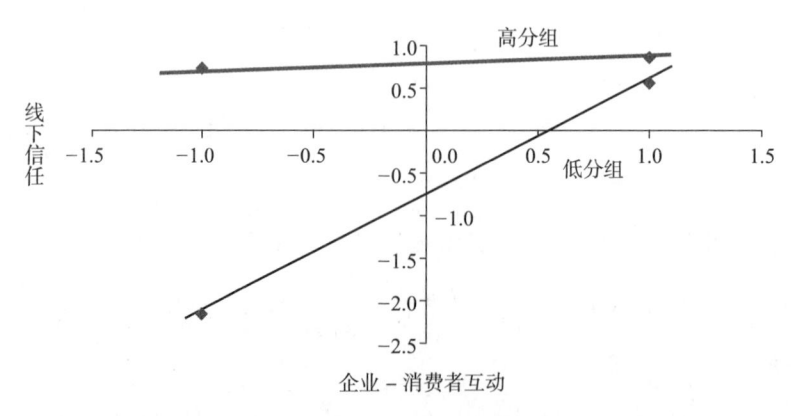

图 6-6　实体店形象对企业-消费者互动与信任的调节效应

由图 6-6 可以发现，不管在实体店形象高分组的前提下，还是在实体店形象低分组的前提下，随着企业 - 消费者互动的增加，消费者对零售商的线下信任都会增加，即实体店形象会增强企业 - 消费者互动对零售商线下信任的影响。

本书调节作用假设检验结果见表 6-15。

表 6-15　调节作用假设检验结果

假设	路径	结论
H6	涉入度在企业 - 消费者与感知零售商服务能力之间发挥调节作用	支持
H6a	涉入度在互动功能性与感知零售商服务能力之间发挥调节作用	不支持
H6b	涉入度在互动信息性与感知零售商服务能力之间发挥调节作用	支持
H6c	涉入度在互动响应性与感知零售商服务能力之间发挥调节作用	支持
H6d	涉入度在互动自主性与感知零售商服务能力之间发挥调节作用	支持
H7	实体店形象在企业 - 消费者互动与信任之间发挥调节作用	支持
H7a	实体店形象在企业 - 消费者互动与线上信任之间发挥调节作用	不支持
H7b	实体店形象在企业 - 消费者互动与线下信任之间发挥调节作用	支持

四、实证结果讨论

综合上文主模型检验和调节变量的检验过程，本书假设 H1a、H1b、H2a、H3a、H4a、H6a、H7a 没有得到支持，其余假设得到支持，具体结果如表 6-16 所示。

表 6-16　本书假设检验结果

假设	路径	结论
H1	企业消费者互动—信任	支持
H1a	互动功能性—线上信任	不支持
H1b	互动功能性—线下信任	不支持
H1c	互动信息性—线上信任	支持
H1d	互动信息性—线下信任	支持

续表

假设	路径	结论
H1e	互动响应性—线上信任	支持
H1f	互动响应性—线下信任	支持
H1g	互动自主性—线上信任	支持
H1h	互动自主性—线下信任	支持
H2	信任—零售商品牌权益	支持
H2a	线上信任—零售商品牌权益	不支持
H2b	线下信任—零售商品牌权益	支持
H3	企业消费者互动—零售商品牌权益	支持
H3a	互动功能性—零售商品牌权益	不支持
H3b	互动信息性—零售商品牌权益	支持
H3c	互动响应性—零售商品牌权益	支持
H3d	互动自主性—零售商品牌权益	支持
H4	企业消费者互动—感知零售商服务能力	支持
H4a	互动功能性—感知零售商服务能力	不支持
H4b	互动信息性—感知零售商服务能力	支持
H4c	互动响应性—感知零售商服务能力	支持
H4d	互动自主性—感知零售商服务能力	支持
H5	感知零售商服务能力—零售商品牌权益	支持
H6	涉入度在企业-消费者与感知零售商服务能力之间发挥调节作用	支持
H6a	涉入度在互动功能性与感知零售商服务能力之间发挥调节作用	不支持
H6b	涉入度在互动信息性与感知零售商服务能力之间发挥调节作用	支持
H6c	涉入度在互动响应性与感知零售商服务能力之间发挥调节作用	支持
H6d	涉入度在互动自主性与感知零售商服务能力之间发挥调节作用	支持
H7	实体店形象在企业-消费者互动与信任之间发挥调节作用	支持
H7a	实体店形象在企业-消费者互动与线上信任之间发挥调节作用	不支持
H7b	实体店形象在企业-消费者互动与线下信任之间发挥调节作用	支持
H8	感知零售商服务能力—信任	支持
H8a	感知零售商服务能力—线上信任	支持
H8b	感知零售商服务能力—线下信任	支持

（一）企业－消费者互动与信任

本书研究发现企业－消费者互动对信任有显著的正向影响。刺激—机理—反应模式认为消费者和雇员对外部刺激会产生认知（信念、分类、符合、意义）、情感（态度、情绪）、身体（痛苦、舒服、移动、实体相符）上的反应，进而迫使雇员和消费者对环境作出趋近和趋避的选择。企业－消费者互动作为一种信息交流和沟通的方式，其通过交流加深消费者与零售商之间的了解，增进消费者对支付安全、社交性、信息多元化等因素的感知，通过在零售渠道销售过程中实施各种视觉（如产品展示或3D试衣间）、听觉及其他的感知刺激来影响消费者的内在心理状态，并最终影响消费者对整个零售商的信任。

互动的功能性显著负向影响线上信任（系数为 -0.357，P 值为 0.000），与线下信任呈负相关关系（系数为 -0.207，P 值为 0.000），这些假设与原假设相违背，即消费者与零售商之间互动方式越多，使用越简单、易用，消费者对零售商网店和实体店越不信任。这是因为在日常生活过程中，人们之间沟通的方式更多地按照亲缘、熟人和陌生人的格局进行。在消费者与零售商网络沟通过程中，由于网络本身的虚拟性和信息的不对称性，使得消费者无法进行面对面的沟通，消费者感知风险较高。再加之与消费者进行沟通的零售商是陌生人，消费者会从内心进行抗拒，当互动方式越多，越简单易用时，消费者越容易产生心理抗拒。

互动信息性显著正向影响线上信任（系数为 0.564，P 值为 0.000），与线下信任呈正相关关系（系数为 0.410，P 值为 0.000），这些假设与原假设一致，即消费者与零售商在网络交流过程中，提供的产品信息越多，越详细完整，消费者对零售商网店和实体店越信任。在传统条件下，由于信息不对称，消费者感知风险较高，在与零售商交易过程中，常常采用机会主义的方式。零售商在沟通过程中，主动提供产品的信息，通过信息的公开化和透明化，增加消费者与零售商之间彼此的信任，从而更好地保证交易的完成。

互动响应性显著正向影响线上信任（系数为 0.377，P 值为 0.000），与线下信任呈正相关关系（系数为 0.367，P 值为 0.000），这些假设与原假设一致，即零售商对消费者沟通过程中的问题反馈越及时、有效，消费者对零售商的网店和实体店越信任。零售商的工作人员或客服能否快速、有效地对消费者提出的疑问进行解决和反馈是消费者判断零售商服务态度和能力的依据之一。当零售商的工作人员或客服快速、有效地对消费者提出的疑问作出解决时，消费者会对零售商的服务态度和能力作出认可，有助于增进消费者与零售商之间的信任，而这种信任会传递或转移到线上，从而实现消费者对零售商网店和实体店的信任。

互动自主性显著正向影响线上信任（系数为0.564，P值为0.000），与线下信任呈正相关关系（系数为0.689，P值为0.000），这些假设与原假设一致，即消费者自己感受到的可控制程度越高，消费者对零售商网店和实体店越信任。俗语有云，店大欺客。在信息不对称的前提下，由于消费者无法对零售商的产品或服务作出准确的判断，消费者感受到的可控性较差，对风险的感知度较高，信任度较低，这种信任会传递到线上，并最终影响消费者购买决策。当消费者感受到的可控性较高即自主程度较高时，消费者会增进对零售商的信任。

（二）信任与零售商品牌权益

本书研究发现信任对零售商品牌权益有显著的正向影响，这一假设已经被学者所证实。线上信任对零售商品牌权益有显著的负向影响（系数为-0.18，P值为0.000），这与原假设不一致。这是因为消费者虽然对零售商网店很信任，但担心从该网店购买产品或服务时会因产品售后等因素破坏其潜在消费者心中的美好印象，从而选择放弃将该零售商作为第一选择，这与现实生活中"做生意不找熟人"是一个原理。线下信任与零售商品牌权益有显著的正向关系，这与假设一致。这是因为消费者在实体店购物时，能够通过触觉等感官对产品或服务作出合理的判断，真正做到眼见为实，从而将该零售商的实体店作为购物的首选，并进行推荐。

（三）企业-消费者互动与零售商品牌权益

本书研究发现企业-消费者互动对零售商品牌权益有显著的正向影响，这一假设与本书的假设一致。大量的学者研究发现，刺激活动是零售商品牌权益的主因。企业-消费者互动作为一种刺激活动，对零售商品牌权益具有重要的影响。

互动功能性显著负向影响零售商品牌权益（系数-0.017，P值为0.000），这与原假设不一致，即消费者与零售商之间互动方式越多，使用越简单、易用，零售商品牌权益越弱。这是因为在网络信息不对称的前提下，消费者与零售商之间的互动方式越多，消费者感知风险就越大，对零售商就越不信任，从而使得零售商品牌权益进一步弱化。

互动信息性显著正向影响零售商品牌权益（系数为0.437，P值为0.000），这与原假设一致，即消费者与零售商交流过程中，零售商提供的信息越充分，零售商品牌权益越强化。互动响应性（系数为0.231，P值为0.000）、互动自主性（系数为0.445，P值为0.000）正向显著影响零售商品牌权益，即消费者在与零售商交流的过程中，零售商对消费者的疑问反馈得越及时，消费者自我感受的可控制程度越高，零售商品牌权益越强化。

及时准确的信息、快速有效的反馈和自我控制的双向交流和沟通对零售商品牌权益有显著的正向影响。网络渠道上消费者与零售商之间快速、准确信息的交流，对问题及时有效的反馈，以及交流方式的自主性，都会影响消费者与零售商的关系，而这种情感或关系最终会增强或削弱零售商自身的品牌权益。

（四）企业-消费者互动与感知零售商服务能力

本书研究发现企业-消费者互动会显著正向影响感知零售商服务能力（系数为0.390，P值为0.004），这与原假设一致。消费者在与零售商进行信息交流和沟通的过程中，通过双向交流、共同参与和积极解决问题的方式来了解企业的能力。当零售商对消费者提出的疑问如退换货等售后服务进行积极解决，积极鼓励消费者参与零售商的各项创意活动时，消费者对零售商的感知服务能力就越强。

互动功能性对感知服务能力具有显著的负向影响（系数为-0.211，P值为

0.000），这与原假设不一致，即消费者与零售商之间互动方式越多，使用越简单、易用，消费者对零售商的感知服务能力越弱。这是因为相对于实体店而言，网店由于其本身的虚拟性，使得消费者感知的风险更大。而互动方式的多样性，在某种程度上进一步增加了风险的不确定性。因此，在消费者与零售商进行交流的过程中，零售商应该进一步简化沟通的方式，采取简单有效的沟通方法。

互动信息性对感知零售商服务能力具有显著的正向影响（系数为0.523，P值为0.000），这与原假设一致，即消费者与零售商交流过程中，零售商提供的信息越充分，感知服务能力越强。及时、准确、有效的信息对消费者而言具有重要的意义，不仅能够让消费者减少信息搜索的成本，还有助于消费者在简短的时间内方便、快捷地找到所需产品，大大减少了消费者的时间和精力成本，提升了消费者对零售商服务能力的认可。

互动响应性对感知零售商服务能力具有显著的正向影响（系数为0.444，P值为0.000），这与原假设一致，即零售商对消费者沟通过程中的问题，反馈越及时、有效，消费者感知到的零售商服务能力越强。及时、有效的回馈和准备无误的解疑，体现了零售商工作人员和客服较强的专业素质和技能，这些表现使得消费者对零售商的认知进一步加深，而这种认知必然会影响消费者对零售商服务能力的感知。

互动自主性对感知零售商服务能力具有显著的正向影响（系数为0.573，P值为0.000），这与原假设一致，即消费者自己感受到的可控制程度越高，消费者感知到的零售商服务能力就越强。消费者在沟通的时间、地点和方式自主选择性越高，呈现的方式越灵活，消费者对零售商的表现越认可。这种表现会影响消费者对零售商服务能力的认知，并加深或改变其原有的认识，进而进一步增强其对零售商感知服务能力的认知。

（五）感知零售商服务能力与零售商品牌权益

本书研究发现感知零售商服务能力会显著正向影响零售商品牌权益（系数为0.379，P值为0.000），这与原假设一致，即消费者感知到的零售商服务能力越强对零售商品牌权益的影响越强化。感知服务能力作为一种消费者对多渠道零售商有效传递服务才能的评价，其在一定程度上代表着消费者对零售商服务能力的认可。已有的研究也证明零售商感知服务能力中的整合能力、信息能力等会对零售商品牌权益产生影响。当零售商向消费者传递服务的能力越强时，消费者对零售商的评价就会越高，越会将该零售商作为首选，有助于零售商品牌权益的提升。

（六）涉入度在企业 – 消费者互动与感知零售商服务能力中的调节作用

本书研究发现涉入度在企业 – 消费者互动信息性、响应性与自主性与感知零售商服务能力之间发挥调节作用。涉入度是一种基于自身需求、价值观而对产品感兴趣的程度。高涉入度意味对消费者而言，具有重要的影响、较高的风险和自我相关程度高等特点；低涉入度意味对消费者而言，没有重要的影响、风险较低和自我相关程度较低等特点。在消费者与零售商进行沟通交流过程中，当消费者对产品或具有较大的兴趣时，消费者会对产品的信息、产品相关的内容进行咨询，这些与信息性、响应性积极相关。而建立在自主基础之上的信息交流与沟通，有利于消费者进一步了解零售商，从而对零售商的能力进一步认可。涉入度在企业 – 消费者互动功能性与感知零售商服务能力之间不发挥调节作用。这是因为互动的功能性其强调互动方式的多样性、丰富性。而网店由于其本身的虚拟性，使得消费者感知的风险更大。互动方式的多样性，在某种程度上，进一步增加了风险的不确定性，降低了零售商服务能力的感知。

（七）实体店形象在企业 – 消费者互动与信任中的调节作用

本书研究发现实体店形象在企业 – 消费者互动与信任、线下信任之间发挥调节作用。实体店形象作为消费者对店铺印象的一种整体感知，其由产品、氛围、人员等构成。在消费者与零售商进行交流和沟通的过程中，消费者会将线下实体店购物的便利性、实体店人员的服务质量、产品的种类、价格、质量和氛围等因素考虑进来，全面综合地看待零售商，从而作出理性的判断。当消费者在线下实体店购物的体验较差时，如可触、可观察等感官体验较弱时，消费者会将这种体验延伸到零售商的所有渠道中，从而大大降低消费者对零售商的信任度。因此，实体店形象对企业-消费者互动与信任之间具有调节作用。实体店形象在企业-消费者互动与线上信任之间不发挥作用。这是因为在企业与消费者互动过程中，虽然消费者可以依据其在零售商实体店所见、所接触的实体店服务质量、产品类别、价格等因素来对其作出理性的判断，但由于在虚拟网络条件下，消费者对信任的感知与实体店存在较大的区别。网络条件下，消费者更多依据口碑和评论来判断其是否值得信任。

（八）感知零售商服务能力与信任

本书研究发现感知零售商服务能力会显著正向影响零售商信任（系数为 0.950，P 值为 0.000）。感知零售商服务能力对线上信任具有显著的正向影响（系数为 0.974，P 值为 0.000），与线下信任呈正相关关系（系数为 0.903，P 值为 0.000）。这些假设与原假设一致。已有的研究表明服务能力会显著地影响信任。消费者在与零售商进行交流和沟通的过程中，零售商提供服务的能力越强，消费者对零售商越认可，进而对零售商越信任。

第七章　研究结论与展望

帕普和奎斯特（2006）认为零售商品牌权益有利于提升零售商的收入和盈利能力。因此，提升零售商品牌权益，增加零售商品牌的附加值对多渠道零售商而言具有重要的意义。大量的研究表明营销活动是引起零售商品牌权益的主要动因。本书的研究也证实了类似的观点，企业－消费者互动作为一种营销活动对零售商品牌权益具有显著的正向影响。本章通过对实证研究的结果分析得出本书相对应的研究结论和管理启示，并针对研究中存在的不足，指出未来研究的重点。

第一节　主要结论

信息技术的快速发展，为消费者与零售商的实时沟通提供了有利的条件。消费者在与零售商之间进行信息交流和沟通的过程中，越来越占据主动和先机。消费者会依据不同渠道互动的属性所带来的不同体验作出最终的购买决策。当线上渠道信息丰富、方式多样化、反馈及时，并且自主性较强时，消费者会将其作为购物的首选，并积极向他人进行推荐。当线上渠道信息更新不及时、式样单一、反馈滞后，消费者会本能地认为该零售商服务能力较弱，信任度较差，不值得推荐和购买，也不会将其与其他零售商相区别。

一、企业 – 消费者互动通过信任来影响零售商品牌权益

企业 – 消费者互动的信息性、响应性、自主性显著正向影响消费者的线上信任和线下信任。及时、有效、准确的信息，对消费者而言具有重要的意义。零售商通过在线渠道，实时更新产品的信息、及时发布产品的图片，有利于消费者快速、准确地找到所需的产品，大大削减了消费者信息搜索的成本和时间成本，拉近消费者与零售商之间的心理距离，增加了彼此之间的网络信任，并通过信任传递的方式将线上信任转移到线下信任。响应性注重的是反馈是否及时，是对服务质量的检验。消费者与零售商沟通过程中，不可避免地会遇到各种问题。当消费者向零售商的工作人员或客户提出疑问时，工作人员或客服能否及时作出反馈，并给出专业性的作答，是检验其专业素养和技能的一个重要标准。当零售商的工作人员或客服能够对消费者提出的问题给出专业性的答复时，消费者会对零售商形成认同，有助于增强彼此之间的信任，这种信任不仅包括线上信任，也包含了线下实体店的信任。自主性关注的是消费者感受到的可控制程度。在消费者与零售商信息交流的过程中，由于信息的不对称，消费者往往会担心自己的信息被窃取和操控。当零售商采取一定的措施对消费者的信息进行保护（如信息加密等）或给出某种承诺，在一定程度上缓解了消费者的忧虑，降低了消费者的感知风险，增进了彼此之间的线上信任，并通过传递将线上信任转移到线下实体店的信任。企业 – 消费者的功能性显著负向影响消费者的线上信任和线下信任。这是因为互动的功能性注重的是方式的多样性和功能的强大性。而消费者除了关注产品本身的价格、质量等，还关注虚拟网络本身所带来的风险。互动方式的多样性带来的是沟通和交流的复杂性，而这种复杂性会进一步加剧消费者的感知风险，使得消费者对零售商更加不信任，并将线上信任传递到线下。

此外，及时信息的更新、合理有效的反馈和较强的自主性，有利于增进消费者与零售商之间的情感，有利于消费者将零售商与其他竞争对手相区别，从而更好地提升零售商品牌权益。

二、信任显著正向影响零售商品牌权益

信任和线下信任显著正向影响零售商品牌权益,即消费者对零售商越信任,零售商品牌权益越强化,这与学者们的研究一致(汪旭晖等,2015;吴锦峰等,2016;Jara,Cliquet,2012)。线上信任显著负向影响零售商品牌权益。这是因为虽然消费者对零售商网店很信任,但仍然会担心自身在该零售商网店买到假的产品,从而造成该零售商网店在自身心目中良好形象的破灭。

三、企业-消费者互动影响感知零售商服务能力,并通过感知零售商服务能力来影响零售商品牌权益

企业-消费者互动的信息性、响应性和自主性与感知零售商服务能力显著正向相关。及时有效地更新产品信息,提供消费者所需的信息,是零售商服务能力的传递的一种表现,也是消费者判断零售商服务能力的一种标准。及时、快速有效的反馈,专业性的答复,是消费者判断零售商工作人员或客服是否专业的一个标准。而工作人员或客服的专业,则在一定程度上反映了零售商服务的能力。当零售商工作人员或客服表现出较强的专业素养时,消费者感知到的零售商服务能力就会较强。自主有效的沟通,随时对信息取关,个人资料的保密反映了消费者自主性的需求。因此,在消费者与零售商交流的过程中,能否做到对个人信息的保护以及交流的自主性,是消费者对零售商再认知的体现。而这种认知会影响消费者对零售商服务能力的感知。消费者与零售商在信息交流的过程中,自主性越强,感知到的零售商服务能力越强。功能性与零售商品牌权益呈现负相关关系。方式的多样性、内容的丰富性,一方面给消费者与零售商之间的信息交流和沟通提供了便利的条件,另一方面由于方式过多,使得沟通变得复杂化,增加了消费者自身的感知风险,进而削弱了消费者对零售商服务能力的认可。感知零售商服务能力是一种消费者对零售商传递服务能力的一种评价。当消费者对零售商的服务能力评价较高时,消费者会将其与其他零售商相区别,将其作为首选,积极进行推荐,而这些都是零售商品牌权益的内容。

四、实体店形象在企业-消费者互动与信任之间发挥调节效应

实体店形象在企业-消费者互动与线下信任之间发挥调节效应。消费者在日常生活中,更多地依据自身的经验和信息搜索来解决问题,而经验更多来源于自身在日常生活中所见所闻,通过与零售商的工作人员或客服进行交流,对实体店的产品、服务、氛围等进行接触而获得。这种经验一旦获得,就会在消费者头脑中形成固有的印象,并对该零售商进行认知。当消费者对零售商实体店的形象较好时,消费者会对零售商更加信任。实体店形象在企业-消费者互动与线上信任之间不发挥调节效应。在虚拟网络条件下,消费者对信任的感知与实体店存在较大的区别。网络条件下,消费者更多依据口碑和评论来判断其是否值得信任。

五、涉入度在企业-消费者互动与感知零售商服务能力之间发挥调节作用

涉入度在企业-消费者互动的信息性、响应性、自主性与感知零售商服务能力之间发挥调节作用。及时发布信息并更新,对消费者反馈的问题积极答复,增强消费者自身的自主性,都是消费者感知零售商服务能力的表现。涉入度代表消费者对产品感兴趣的程度。高涉入度意味着消费者会对零售商服务能力提出更高的要求;同时,意味着消费者对零售商信息的发布、相关问题的反馈及互动过程中的自主性有较高的要求。涉入度在互动功能性与感知零售商服务能力之间不发挥调节作用。这是由于互动方式的多样性,在某种程度上,进一步增加了风险的不确定性,降低了零售商服务能力的感知。而这种感知并不会随消费者涉入度的增加而发生变化。此外,本书研究还发现涉入度与企业-消费者互动信息性、响应性和自主性之间的乘积的系数为负,表明涉入度在企业-消费者互动与感知零售商服务能力之间起弱化作用。这是因为在消费者与零售

商进行信息交流的过程中，出现了诚信问题。根据2018年发布的《2017年爱德曼全球信任度调查中国报告》，在2017年，全球28个被调查的国家及地区中有21个遭遇信任度下滑。❶ 在此背景下，中国的企业、政府、媒体、非政府组织信任度也出现了相应的下降。消费者对零售商产品的涉入度越高，对零售商服务能力越了解。

六、感知零售商服务能力与信任具有显著正向影响

感知零售商服务能力与线上信任、线下信任呈显著正向相关。已有学者研究证实能力会对信任产生影响。消费者在与零售商之间进行信息交流和接触的过程中，更多依据所见、所闻和自身的体验来对该零售商作出判断。当零售商表现出的服务质量如产品信息的更新、商品的价格、工作人员的素养等与消费者心理的预期存在差距时，消费者就会对零售商的服务能力作出质疑，对零售商产生不信任感，并最终影响整个购买过程的继续进行。

第二节 理论贡献与管理借鉴

一、理论贡献

互联网信息技术的发展，为消费者信息搜索、产品对比提供了便利的条件。消费者通过对产品信息的搜索和对比，来对零售商服务能力作出判断，从而决定是否将其作为首选和推荐，而这些都是零售商品牌权益的内容。对于零售商而言，有利于增强其产品的竞争力，提升其盈利能力。因此，关注在线消费者对零售商品牌权益的影响因素，并探索其影响机制具有重要的意义。

---

❶ 2017年爱德曼全球信任度调查中国报告 [EB/OL].（2017-03-17）. http：//www.199it.com/archives/573282.html.

（一）构建了企业－消费者互动对零售商品牌权益的研究模型

本书借鉴企业－消费者互动与零售商品牌权益的研究成果，在 TAM 理论、刺激—机理—反应、信任理论等相关文献的基础上，构建了企业－消费者互动对零售商品牌权益的影响机制。在此基础上，本书将实体店形象和涉入度引入模型的研究中，研究实体店形象在企业－消费者互动与信任（线上信任和线下信任）之间的调节作用，以及涉入度在企业－消费者互动与感知零售商服务能力之间的调节作用，综合分析企业－消费者互动（互动功能性、互动信息性、互动响应性、互动自主性）、信任（线上信任和线下信任）、感知零售商服务能力与零售商品牌权益之间的关系，并探讨其直接和间接路径的关系。

（二）提出了感知零售商服务能力的测量量表

本书在多渠道零售背景下，参照服务能力的概念，将感知零售商服务进行相应的界定。随后通过访谈、关键事件法，确定测量感知零售商服务能力的四个维度，即信息能力、交易能力、补救能力和整合能力。

信息能力由"该零售商网店能够为消费者提供丰富的产品信息""该零售商网店能够为消费者提供准确的产品信息""该零售商网店能够为消费者提供最新的产品信息""该零售商网店能够帮助消费者迅速找到需要的产品""该零售商网店能够有清晰的图片或文字说明"五项构成。

交易能力由"该零售商网店能够快速地处理交易""该零售商网店能够及时发货""该零售商网店能够提供便捷的物流，能按时完成任务""该零售商网店能够保证交易的完成"四项构成。

补救能力由"当我抱怨时，该零售商网店能够快速作出反应""对于我的抱怨，该零售商网店能够提供满意的解释""当我购买的产品出现问题时，该零售商网络商店能够提供便利的沟通条件""当我购买的产品出现问题时，该零售商网店能够提供退换、维修等服务"四项构成。

整合能力由"该零售商网店支持线上订单，线下实体店换货""该零售商网店提供的产品与实体店是互补的""该零售商网店提供给会员的权益和服务与线下实体店是一致的"三项构成。

在零售商感知服务能力的测量上，本书参照丘吉尔（1979）量表开发的方法和流程，基于相关的测量量表和消费者访谈结果，提出感知零售商服务能力的测量量表，并通过相应的数据收集，对感知零售商服务能力测量量表进行信度和效度检验。数据结果显示感知零售商服务能力具有良好的信度和效度。其中信息能力由"该零售商网店能够为消费者提供丰富的产品信息"等五个题项；交易能力由"该零售商网店能够快速地处理交易"等四项测量；补救能力由"当我抱怨时，该零售商网络商店能够快速作出反应"等四项测量；整合能力由"该零售商网络商店支持线上订单，线下实体店退换"等三项测量。

（三）深化了企业 – 消费者互动的内涵

以往对线上企业 – 消费者互动的研究，更多从零售商网店与消费者之间的互动、消费者与零售商的互动两个维度出发，主要从感知易用性、感知风险等因素展开，研究其对消费者行为的影响。本书在企业 – 消费者互动的研究上，将零售商网站与消费者之间的互动以及消费者与零售商之间的互动两者整合在一起，从互动的过程入手，将企业 – 消费者互动归纳为互动的功能性、信息性、响应性和自主性四个维度，并研究其对零售商品牌权益的影响。在研究过程中，引入中介变量信任，并将信任分为线上信任和线下信任，研究其对线上信任、线下信任的影响，以及线上信任、线下信任对零售商品牌权益的影响，发挥多渠道之间的协同作用。

二、管理借鉴

随着互联网技术和移动支付的迅速发展，越来越多的零售商走上"砖瓦 + 点击"的模式，纷纷实施多渠道战略。面对这一严峻的竞争环境，如何将零售商自身与其他竞争对手有效地区分，提升消费者对零售商的忠诚度，并被消费者作为首选和推荐，是多渠道零售商必须面对和解决的难题。

(一)建立积极有效的互动方式

随着信息技术的发展,大量的智能设备如平板电脑、智能手机等不断出现,并进入人们的日常生活中。消费者通过这些设备,在不同线上渠道跳跃,以谋求自身利益的最大化。零售商如何保留消费者,并被消费者视为主要的选择,成为零售商面临的一大难题。

本书研究发现互动的信息性、响应性和自主性对零售商品牌权益有显著正向影响。多渠道背景下,消费者在不同渠道间进行信息搜索,除获取产品的价格外,还希望通过获得零售商自主、有效等高品质的个性化服务。零售商提供的产品信息、及时解惑等使得消费者更加轻松便利地获得零售商的产品或服务信息。而自主性使得消费者能够依据自身的需求,随时决定是否中断交流和相关信息的订阅,增强了消费者与零售商之间的情感和信任。

霍顿和沃尔(Horton,Wohl,1956)认为真实社会活动与类社会互动的不同在于类社会互动没有有效的互惠。事实上,不同消费环境、不同渠道下的互动实施,更多通过信息搜索、产品对比,或通过个人与网站发生互动的方式以及消费者与零售商之间的关系来进行维持,并随个人经验等提升而变得更加理智。

因此,随着多渠道背景下互动方式的不断变化和消费者购物选择多样性的不断出现,零售商需要不断完善线上线下渠道的融合,需要进一步增强与消费者之间的互动,通过改变互动方式,增强消费者自主性和体验性,使其参与到零售商的活动过程中,从而使其将零售商作为首选,并进行推荐,以此来增强零售商品牌权益。

(二)不断完善不同渠道之间的协同

"协同"最早由安索夫(Ansoff)于1965年在《公司战略》中提出,其将"协同"界定为一家企业通过并购另一家企业,使合并企业整体业绩大于两家企业合并前业绩相加的和,其主要从经济学视角来界定协同。在此基础上,伊丹广之(1980)将协同效应拆分为协同效应和互补效应。此后,西罗沃(Sirower,1997)认为协同效应是合并后公司整体效益的增长超过市场对目标公司及收购公司作为独立企业已有预期之和的部分,其主张将协同效应放入竞争环境中去考量。由此可见,零售商通过对线上线下销售渠道进行整合,充分发挥线上线下渠道间信息、服务的共享,共同服务消费者,充分发挥协同作用,有利于增强消费者与零售商之间的关系,提升零售商的竞争优势。

本书的研究中信任、线下信任显著正向影响零售商品牌权益。线上信任对零售商品牌权益具有显著负向影响。因此零售商在对线上线下渠道进行整合时,要充分发挥线下渠道的作用,通过线下渠道来弥补线上渠道的不足,实现两者间的有机结合,更好地实现渠道间协同作用,提升零售商的竞争优势。

(三)积极建立情感纽带,增加彼此之间的信任

根据 2018 年发布的《2017 年爱德曼全球信任度调查中国报告》,在过去的一年,全球 28 个被调查的国家及地区中有 21 个遭遇信任度下滑。[1] 在此背景下,中国的企业、政府、媒体、非政府组织信任度也出现了相应的下降。

网络由于其虚拟性,使得其与传统实体店相比具有更大的不确定性和信息不对称性。消费者与零售商之间难以形成完全的信任。零售商通过向消费者及时提供产品信息、对消费者的疑问有效进行反馈等互动的环境,有利于将该零售商有效地从竞争对手中隔离开,增加其在消费者头脑中的印象,增加其与消费者的信任,并将其作为首选。研究还发现,零售商通过向消费者及时提供产品信息、对消费者的疑问有效进行反馈等互动的环境,还有利于消费者对实体店的信任,推动消费者在实体店作出购买。

(四)积极培养零售商服务能力

在多渠道零售背景下,零售商服务能力的构成要素变得十分复杂。零售商

---

[1] 2017 年爱德曼全球信任度调查中国报告 [EB/OL].(2017-03-17). http://www.199it.com/archives/573282.html.

对服务能力的培育，面临着新的挑战和困难。本书研究发现零售商服务能力由信息能力等四个维度构成。零售商在构造服务能力的过程中，可以参照服务能力的构成要素去进行。此外，本书对感知零售商服务能力的研究，还有利于零售商及时、准确、全面地了解消费者对其服务能力的评价，便于零售商快速有效地对服务能力作出评估和诊断。同时，零售商感知服务的研究还为那些苦于无法实施服务能力培育的企业提供了依据，有利于零售商及时有效地对消费者开展各种营销活动。

（五）积极营造良好的实体店形象

本书研究发现实体店形象会调节企业-消费者互动信息性、响应性、自主性和信任之间的关系。价值网络理论认为通过改变价值链方向，以获得持续利润。实体店是消费者与零售商接触的平台，是消费者体验的重要环节。消费者通过对实体店的购物氛围、产品价格及工作人员的服务态度、售后等作出评价，以此来对零售商实体店整体感知作出判断。当实体店整体感知与消费者预期相违背时，消费者会将这种感知转移到零售商的在线渠道（如网店），对零售商在线渠道的信任产生负面影响。当实体店整体感知与消费者预期一致时，消费者会将这种愉悦的感知转移到线上渠道，并最终增强消费者对零售商在线渠道（如网店）信任。而实体店形象主要由产品、服务、氛围等因素构成。因此，在信息经济日益发达和消费者越来越追求个性化的前提下，零售商应该选择提前布局，重新对线下实体店和线上渠道如网店进行定位，通过有效的定位进行区分。此外，零售商还应该对实体店进行重新布局，如设置体验区，以此更好地展示实体店形象。在线上渠道中，零售商应该充分利用消费者浏览产品的轨迹，找出消费者需求的产品和可接受的定价范围，积极缩小线上线下之间价格和服务的差异，力争做到线上线下价格、服务的一致性。

（六）合理有效地引导消费者

本书研究发现涉入度在企业-消费者互动与感知零售商服务能力之间发

挥调节作用。涉入度越高，企业－消费者互动在感知零售商服务能力的影响越弱。这是由于大量的刷单存在，使得零售商难以对各种用户评论、晒单等行为进行控制，造成消费者对零售商产品涉入度越深，对零售商服务能力越质疑。因此，在零售商面临各种不利的评论时，零售商应该开诚布公，积极向消费者进行解释，并力求获得消费者的重新信任。此外，零售商还应该针对消费者涉入的程度不同，采用不同的方法，为零售商在不同渠道间的延伸提供依据和保证。

第三节 研究的局限与展望

一、研究局限

本书在研究过程中，虽力求科学严谨，但由于个人能力、研究时间和研究水平的限制，本书在问卷调查和实证研究中难免存在缺陷和不足。

（一）研究样本的局限

本书的研究过程中，虽然在样本的选择上，通过加入一定的限制来提升样本的代表性，但由于时间和精力等因素的限制，使得样本的某些特征过于单一，如受教育的程度大部分集中在本科，职业主要集中在文职或办公等行业。在样本的选择过程中，主要选择具有线上渠道（如网店）和实体店购物经历的样本，没有考虑移动端如通过手机、平板等进行购物的群体，这在某种程度上影响了本书研究结论的外延性。

（二）研究方法的局限

本书在研究企业－消费者互动与零售商品牌权益的影响时，对企业－消费者互动、信任、实体店形象、涉入度、感知零售商服务能力及零售商品牌权益的关系时，主要通过问卷调查的方式，运用数学统计的方式进行研究。未来可以通过使用实验的方式和案例的方法进行辅助，提高本书结论的精准性。

（三）测量工具的局限

本书虽然在企业－消费者互动、信任、实体店形象、涉入度、零售商品牌权益的测量上采用量表的方式进行测量，使其信度较好，但由于题项较多，量表的语句比较专业化，使得消费者在问卷填写过程中，难免会产生情绪，使得问卷填写的效果较差。此外，本书在对感知零售商服务能力的测量上，主要采用定向访谈的方式，在访谈过程中难免会出现主观因素，这些都会对最终量表的测量产生影响和误差。

二、研究展望

本书从企业－消费者互动的视角入手，研究企业－消费者互动对零售商品牌权益的影响机制，丰富了零售商品牌权益的研究成果。但由于研究时间和研究水平的限制，本书研究中仍然存在一些需要改进和探讨的地方。

（一）进一步对比消费者间互动、企业－消费者互动对零售商品牌权益的影响

本书对零售商品牌权益的研究，主要基于线上零售商与消费者互动的视角，研究消费者与零售商之间的互动对零售商品牌权益的影响。唐嘉庚（2006）将互动分为网站与零售商之间的互动、消费者与零售商之间的互动和消费者与消费者之间的互动（即消费者间互动）。未来的研究应该从消费者间互动的角度入手，研究消费者间互动对零售商品牌权益的机制，并将消费者间互动、企业－消费者互动对零售商品牌权益的影响作对比，找出两者间的差距。

（二）引入新的变量

学者们研究发现刺激活动是零售商品牌权益的主因，本书主要从互动这一刺激因素入手研究其对零售商品牌权益的影响。本书在研究过程中，选择信任、感知零售商服务能力为中介变量，未来在中介变量的选择上可以从社会资本、缘分感、社会临场感、心理契约等变量入手进行研究；在调节变量的选择上，本书在研究过程中选择从实体店形象等入手，未来在调节变量的选取上可以从补救能力等入手进行研究。

（三）跨文化研究

本书的研究主要是基于中国大陆，不同国家在互动方式、互动内容上存在较大的差异。未来可以选择以他国为背景，进一步研究消费者 - 企业之间的互动对零售商品牌权益的影响，并通过对比，找出双方的差异。

参考文献

毕达天，2014. B2C 电子商务企业 – 客户间互动对客户体验影响研究 [D]. 吉林大学.

陈瑞，郑毓煌，刘文静，2013. 中介效应分析：原理、程序、Bootstrap 方法及其应用 [J]. 营销科学学报，（4）：120-135.

程振宇，2013. 社会网络下网络互动对购买意愿影响及信任保证机制研究 [D]. 北京邮电大学.

范钧，聂津君，2016. 企业 – 顾客在线互动、知识共创与新产品开发绩效 [J]. 科研管理，37（1）：119-127.

范晓屏，韩洪叶，孙佳琦，2013. 网站生动性和互动性对消费者产品态度的影响——认知需求的调节效应研究 [J]. 管理工程学报，27（3）：196-204.

范晓屏，马庆国，2009. 基于虚拟社区的网络互动对网络购买意向的影响研究 [J]. 浙江大学学报（人文社会科学版），39（5）：149-157.

范秀成，2000. 基于顾客的品牌权益测评：品牌联想结构分析法 [J]. 南开管理评论，（6）：9-13.

菲茨西蒙斯，2013. 服务管理：运作、战略与信息技术 [M]. 张金成，范秀成，译. 北京：机械工业出版社.

冯俊，冉斌，2006. 服务企业服务力的评价与提升策略 [J]. 北京工商大学学报（社会科学版），21（4）：54-58.

符国群，1999. 关于商标资产研究的思考 [J]. 武汉大学学报，（1）：70-73.

郭红丽，2006. 客户体验维度识别的实证研究——以电信行业为例 [J]. 管理科学，19（1）：59-65.

黄天龙，罗永泰，2014.电商化转型零售商的品牌权益提升机制与路径研究——基于双渠道品牌形象驱动的视角[J].商业经济与管理，（4）：5-15.

金玉芳，董大海，刘瑞明，2006.消费者品牌信任机制建立及影响因素的实证研究[J].南开管理评论，9（5）：28-35.

李锐，李星星，2017.矛盾性追评对消费者购买意愿的影响研究[J].武汉大学学报（哲学社会科学版），70（1）：75-86.

李艳娥，2010.顾客体验：理论渊源、演变及其梳理[J].商业研究，（2）：31-35.

李英，王晨筱，李晓，等，2015.消费者涉入度国外研究综述[J].商业经济研究，（22）：55-56.

李智娜，2010.在线品牌社群中互动性对品牌忠诚度的影响研究——以在线汽车品牌社群为例[D].上海：复旦大学.

梁阜，李树文，孙锐，2017.SOR视角下组织学习对组织创新绩效的影响[J].管理科学，30（3）：63-74.

梁静，2010.销售互动中的说服效果[D].杭州：浙江大学.

林家宝，鲁耀斌，章淑婷，2010.网上至移动环境下的信任转移模型及其实证研究[J].南开管理评论，13（3）：80-89.

卢泰宏，2002.品牌资产评估的模型与方法[J].工业企业管理，（3）：88-96.

陆红梅，张广宇，2004.认知不协调理论在达成软广告心理效应中的作用[J].苏州教育学院学报，21（3）：35-39.

彭泗清，2004.企业服务能力提升：挑战与对策[J].经济界，（2）：26-29

乔均，储俊松，傅培培，2006.品牌权益模型理论研究综述[J].南京财经大学学报，（6）：54-58.

宋明元，肖洪钧，齐丽云，等，2014.涉入度对品牌体验与购买意愿间关系的调节作用——基于智能手机市场的实证研究[J].大连理工大学学报，35（3）：62-68.

孙乃娟，李辉，2011.感知互动一定能产生顾客满意吗？——基于体验价值、消费者涉入度、任务类型作用机制的实证研究[J].经济管理，（12）：107-118.

唐嘉庚，2006.互动性对B2C环境下信任及购物行为倾向影响研究[D].上海：复旦大学.

涂红伟，2013.体验学习影响消费者自我效能感[N].中国社会科学报，2013-08-19（B02）.

涂红伟，严鸣，2014.消费者渠道搭便车行为影响因素的研究：体验学习视角[J].经济经纬，

31（2）：86-91.

万君，李静，赵宏霞，2015. 基于信任转移视角的移动购物用户接受行为实证研究 [J]. 软科学，29（2）：121-125.

汪旭晖，2007. 店铺形象对自有品牌感知与购买意向的影响研究 [J]. 财经问题研究，（8）：77-83.

汪旭晖，王东明，郝相涛，2017. 线上线下价格策略对多渠道零售商品牌权益的影响——产品卷入度与品牌强度的调节作用 [J]. 财经问题研究，（6）：93-100.

汪旭晖，张其林，2015. 用户生成内容质量对多渠道零售商品牌权益的影响 [J]. 管理科学，28（4）：71-85.

汪旭晖，张其林，2017. 在线评论如何影响多渠道零售商品牌权益？——调节聚焦倾向与在线评论框架的调节视角 [J]. 经济管理，39（6）：129-146.

王国顺，杨晨，2014. 实体和网络零售下消费者的信任转移与渠道迁徙 [J]. 中南大学学报（社会科学版），20（4）：9-16.

王龙，钱旭潮，2007. 体验内涵的界定与体验营销策略研究 [J]. 华中科技大学学报（社会科学版），21（5）：62-66.

卫海英，骆紫薇，2014. 中国的服务企业如何与顾客建立长期关系？[J]. 管理世界，（1）：105-119.

卫海英，杨国亮，2011. 企业–顾客互动对品牌信任的影响分析——基于危机预防的视角 [J]. 财贸经济，4：79-84.

卫海英，杨国亮，2012. 企业互动导向下的品牌危机预防模式研究 [J]. 商业经济与管理，（12）：42-51.

卫海英，张蕾，梁彦明，等，2011. 多维互动对服务品牌资产的影响——基于灰关联分析的研究 [J]. 管理科学学报，14（10）：43-53.

温韬，2007. 顾客体验对服务品牌权益的影响机理——基于百货市场的实证研究 [J]. 管理评论，19（11）：24-29.

温忠麟，侯杰泰，张雷，2005. 调节效应与中介效应的比较和应用 [J]. 心理学报，37（2）：268-274.

吴洪刚，2013. 实体店形象对网上购物行为影响研究 [D]. 武汉：武汉大学.

吴锦峰，常亚平，侯德林，2016.多渠道整合对零售商权益的影响——基于线上与线下的视角[J].南开管理评论，19（2）：170-181.

吴锦峰，常亚平，潘慧明，2014.多渠道整合质量对线上购买意愿的作用机理研究[J].管理科学，27（1）：86-98.

吴锦峰，胥朝阳，2010.店铺形象影响零售商权益过程中自有品牌感知质量的调节作用[J].管理评论，22（8）：68-75.

吴明隆，2007.结构方程模型——Amos的操作与应用[M].重庆：重庆大学出版社.

吴明隆，2009.问卷统计分析实务——SPSS操作与应用[M].重庆：重庆大学出版社.

吴雪，2014.消费者从实体店向网络商店的转移行为研究[D].大连：大连理工大学.

肖爽，2010.基于TAM/TPB整合模型的移动广告用户使用动机研究[D].武汉：武汉大学.

谢恩，黄缘缘，赵锐，2012.不同维度信任相互作用及对在线购物意愿影响研究[J].管理科学，25（2）：69-77.

杨宜苗，2009.店铺形象对顾客感知价值与交叉购买意愿的影响研究[D].大连：东北财经大学.

于春玲，王海忠，赵平，2005.品牌权益理论及其实证研究评述[J].财经问题研究，（7）：14-18.

于春玲，赵平，2003.品牌资产及其测量中的概念解析[J].南开管理评论，（1）：10-13.

袁平，刘艳彬，李兴森，2015.互动导向、顾客参与创新与创新业绩的关系研究[J].科研管理，36（8）：52-59.

张锋，邹鹏，于渤，2016.附属产品促销定价对消费者价格评估的影响：产品涉入度的调节作用[J].管理评论，28（10）：141-152.

赵宏霞，王新海，周宝刚，2015.B2C网络购物中在线互动及临场感与消费者信任研究[J].管理评论，27（2）：43-54.

赵丽，陈琴，2009.C2C电子零售商竞争力测评指标设计[J].商业时代，4：73-75.

肇丹丹，2015.B2C互动对渠道转换行为的影响研究[D].武汉：中南财经政法大学.

中国互联网络信息中心，2017.中国互联网发展状况统计报告[R].北京：中国互联网络信息中心.

周飞，2012.顾客互动与渠道协同绩效的关系研究——基于消费者渠道迁移行为的视角[D].

广州：华南理工大学.

周飞，2013.顾客互动与渠道协同绩效的关系研究——基于消费者渠道迁移行为的视角 [D].

广州：华南理工大学.

朱华伟，黄印，2016.品牌形象的定位一定要顺从消费者的心理图式吗？——产品涉入度与产品类型的交互作用 [J].营销科学学报，12（1）：70-88.

朱瑞庭，许林峰，2004.商店形象的理论、模型及评估 [J].商业经济与管理，（2）：28-31.

朱世平，2003.体验营销及其模型构造.商业经济与管理，（5）：25-27.

庄贵军，李苗，沈璐，郭茹，2013.网络交互技术的采用及其对企业与顾客交互的影响——基于5家企业的案例分析 [J].财贸研究：1-11.

AKER D A, 1991. Managing brand equlty：capitalizing on the value of a brand name [M]. New York：Free Press.

AHREN, KIRKLAND R, GALLEY J S, et al., 2000. Interactivity and structured issue comparisons on the political web：an experimental study of the 2000 new Hampshire presidential primary [C]. International Communication Association, Acapulco, MX.

AILAWADI K L, KELLER K L, 2004. Retail Branding：Conceptual insights and research priortities [J]. Journal of Retailing, 80（4）：331-342.

ANDERSON A, MALLEY C O, LANGTON S, et al., 1996. Comparison of face-to-face and video-mediated interaction [J]. Interacting with Computers, 8（2）：177-192.

ANDERSON J C, NARUS J A, ROSSUM W V, 2006. Customer value propositions in business markets [J]. Harvard Business Review, 84（3）：90-99.

ANSOFF H I, 1965. Corporate strategy：an analytic approach to business policy for growth and expansion [M]. New York：McGraw-Hill Book：15-33.

ARNETT D B, LAVERIE D A, MEIERS A, 2003. Developing parsimonious retailer equity indexes using partial least squares analysis：a method and applications [J]. Journal of Retailing, 795（2）：161-170.

ARONS L, 1961. Does television viewing influence store image and shopping frequency? [J]. Journal of Retailing, （37）：1-3.

ASSAEL H, 1992. Consumer behavior& Marketing Action [M]. Boston: PWS-Kent Publishing Company.

AVERY A B, Calder B, DAWNIACOBUCCI, 1998. New media interactive advertising vs traditional advertising [J]. Journal of Advertising Research: 23-32.

BADRINARAYANAN V, BECERRA E P, KIM C H, et al., 2012.Transference and congruence effects on purchase intentions in online stores of multi-channel retailers: initial evidence from the US and South Korea [J]. Journal of the Academy of Marketing Science, 40（4）: 539-557.

BAIER A, 1994. Moral prejudices [M]. London: Routledge: 27-28.

BALLESTER E D, ALEMAN J L M, 2001. Brand trust in the context of consumer loyalty [J]. European Journal of Marketing, 35（11/12）: 1238-1258.

BARWISE P, 1993. Brand equity: snark or boojum [J]. International Journal of Research in Marketing, 10（1）: 93-104.

BELK R W, 1975. Situational Variables and Consumer Behavior [J]. Journal of Consumer Research, 2（3）: 157-164.

BERGHMAN L, MATTHYSSENS P, 2006. Building competencies for new customer value creation: an exploratory study [J]. Industrial Marketing Management,（35）: 961-973.

BHATTACHERJEE A, 2002. Individual trust in online firms: scale development and initial test [J]. Journal of Management Information Systems, 19（1）: 211-241.

BITNER M J, 1992. The impact of physical surroundings on customers and employees [J]. Journal of Marketing,（56）: 57-71.

BLOEMER J, D RUYTER K, 1998. On the Relationship between store image, store satisfaction and store loyalty [J]. European Journal of Marketing, 32（5/6）: 397-513.

BOLTON R, SAXENA-LYER S, 2009. Interactive services: a framework, synthesis and research directions [J]. Journal of Interactive Marketing, 23（1）: 91-104.

BONNER J M, 2010. Customer interactivity and new product performance: moderating effects of product newness and product embeddedness [J]. Industrial Marketing Management, 39: 485-492.

BORSOOK, TERRY K, WHEAT H, et al., 1991. Interactivity: what is it and what can it do for computer-based instruction [J]. Educational Technology, 31 (10): 11-17.

BUCHANAN L, C J SIMMONS, B A BICKART, 1999.Brand equity dilution: retailer display and context brand effects [J]. Journal of Marketing Research, 36 (3): 345-355.

BURGOON J K, BONITO J A, BENGTSSON B, et al., 1999.Testing the interactivity model: communication processes, partner assessments, and the quality of collaborative work [J]. Computer in Human Behavior, 16 (3): 33-56.

BURGOON J K, BONITO J A, BENGTSSON B, et al., 2000. Interactivity in human-computer interaction: a study of credibility, understanding, and influence [J]. Computer in Human Behavior, 16 (6): 553-574.

CHANG H H, CHEN S W, 2008. The impact of online store environment cues on purchase intention: trust and perceived risk as a mediator [J]. Online Information Review, 32 (6): 818-841.

CHEN, YUBO, WANG Q, XIE J H, 2011. Online social interactions: a natural experiment on word of mouth versus observational learning [J]. Journal of Marketing Research: 238-254.

CHILDERS T L, CARR C L, PECK J, et al., 2002. Hedonic and utilitarian motivations for online retail shopping behavior [J]. Journal of Retailing, 77 (4): 511-535.

CHISNALL P M, 1985.Marketing: A behavioural analysis [M]. New York: Mcgraw-Hill Book Company.

CHIU H C, HSIEH Y C, ROAN J, et al., 2011. The challenge for multichannel services: cross-channel free-riding behavior [J]. Electronic Commerce Research and Application, (10): 268-277.

CHO, HOAN C, LECKENBY J D, 1999. Interactivity as a measure of advertising effectiveness [C]. In Proceeding of the American Academy, M.S.Roberts, ed., Gainesville, FL: University of Florida: 162-179.

CHURCHILL G A, 1979.A paradigm for developing better measures of marketing constructs [J]. Journal of Marketing Research, (15): 64-73.

CLARK, DAS, 2004.Exploring the use of E-CRM elements and effective website design as tools for reducing consumer post-purchasing cognitive dissonance [J]. Journal of Technology Research.

COOPER J, FAZIO R, 1984. A new look at dissonance theory [J]. Advances in Experimental Social Psychology, (17): 229-266.

COX D, 2009. Predicting consumption, wine involvement and perceived quality of Australian red wine [J]. Journal of Wine Research, 20 (3): 209-229.

CSIKSZENTM H, 1977. Beyond boredom and anxiety [M]. Sanfrancisco: Jossey-Bass.

DAS T K, TENG B S, 1998. Between trust and control: Developing confidence in partner cooperation in alliance [J]. Academy of Management Review, 23 (3): 491-512.

DAVIS F D, 1989. Perceived usefulness, perceived ease of use, and user acceptance of information technology [J]. MIS Quarterly, 13 (3): 319-340.

DAY, GEORGE S, 1998. Organizing for interactivity [J]. Journal of Interactive Marketing, 12 (1), 47-53.

DELONE W H, MCLEAN E R, 1992. Information system success: the quest for the dependent variable [J]. Information Systems Research, 3 (1): 60-95.

DHOLAKIA L L, M ZHAO, N DHOLAKIA, et al., 2000. Interactivity and revisits to websites: a theoretical framework [C]. RITIM Working Paper.

DOYLE P, 1990. Building successful brand: the strategic options [J]. Journal of Consumer Marketing, (7): 5-20.

DYKE T V, KAPPELMAN L, PRYBUTOK V, 1997. Measuring information systems service quality: concerns on the use of the servqual questionnaire [J]. 21 (2): 195-208.

EDWARD G A, DOUGLAS J M, 2000. A simulation game for service-oriented supply chain management: does information sharing help managers with service capacity decision [J]. Production & Operations Management, 9 (1): 40-55.

ENG T Y, 2008. E-customer service capability and value creation [J]. The Service Industries Journal, 28 (9): 1293-1306.

ENGEL J F, 1963. Are automobile purchasers dissonant consumers? [J]. Journal of Marketing, 27

(2): 55-58.

EROGLU S A, MACHLEIT K A, DAVIS L M, 2001. Atmospheric qualities of online retailing: a conceptual model and implications [J]. Journal of Business Research, 54 (2): 177-184.

EROGLU S A, MACHLEIT K A, DAVIS L M, 2003. Empirical testing of a model of online store atmospherics and shopper responses [J]. Psychology&Marketing, 20 (2): 139-150.

FARQUHAR P H, 1989. Managing brand equity [J]. Marketing Research, (30): 24-33.

FARRELL J B, FLOOD P C, CURTAIN. S M, et al., 2005. CEO leadership, top team trust and the combination and exchange of information [J]. Irish Journal of Management, 26 (1): 22-40.

FESTINGER L, 1957. A theory of cognitive dissonance [M]. Evanston, IL: Row, Peterson& Company.

FIORE A M, KIM J, 2007. An integrative framework capturing experiential and utilitarian shopping experience [J]. International Journal of Retail& Distribution Management, 35 (6): 421-442.

FIORE A M, KIM J, LEE H H, 2005. Effect of image interactivity technology on consumer responses toward the online retailer [J]. Journal of Interactive Marketing, 19 (3): 38-53.

GAMMOH B, VOSS K E, CHAKRABORTY G, 2006. Consumer evaluation of brand alliance signals [J]. Psychology Marketing, 23 (6): 465-553.

GANESAN S, 1994. Determinants of long-term orientation in buyer-seller relationships [J]. Journal of Marketing, 58 (4): 1-19.

GAOA Q, RAU P P, SALVENDY G, 2009. Perception of interactivity: effects of four key variables in mobile advertising [J]. International Journal of Human-Computer Interaction, 25(6): 479-505.

GOES J B, PARK H S, 1997. Interorganizational links and innovation the case of hospital services [J]. Academy of Management Journal, 40 (3): 673-696.

GREWAL D, KRISHNAN R, BAKER J, BORIN N, 1998. The effect of store name, brand name and price discounts on consumers' evaluations and purchase intention [J]. Journal of

Retailing, 74（3）: 331-352.

HA, LOUISA, JAMES L, 1998. Interactivity reexamined: a baseline analysis of early business web sites [J]. Journal of Broadcasting& Electronic Media, 42（4）: 457-474.

HAECKEL, STEPHAN H, 1998. About the nature and future of interactive marketing [J]. Journal of Interactive Marketing, 12（1）: 63-71.

HAHN K H, KIM J, 2009. The effect of offline brand trust and perceived internet confidence on online shopping intention in the integrated multi-channel context [J]. International Journal of Retai& Distrbution Management, 37（2）: 126-141.

HALLOWELL R, SCHLESINGER L A, 2000. The service profit chain: intellectual roots, current realities, and future prospects. In handbook of Service Marketing& Management, Swartz T A and Iacobucci D（eds.）[M]. Thousand Oaks: Sage.

HARRIS L C, GOODE M M, 2010. Online servicescapes, trust, and purchase intentions [J]. Journal of Service Marketing, 24（3）: 230-243.

HARTMAN K B, SPIRO R L, 2005. Recapturing Store image in customer-based store equity: A Construct Conceptualization [J]. Journal of Business Research, 58（8）: 1112-1120.

HEETER, CARRIE, 1989. Implication of New Interactive Technologies for Conceptualizing Communication.In Media Use in the Information Age: Emerging Patterns of Adoption and Computer Use [C]. J. L. Salvaggio and J.Bryant, eds., Hillsdale, NJ: Lawrence Erlbaum Associates: 217-235.

HEETER, CARRIE, 2000. Interactivity in the context of designed experiences [J]. Journal of Interactive Advertising, 1（1）.

HOLZWARTH M, JANISZEWSKI C, NEUMANN M M, 2006. The influence of avatars on online consumer shopping behavior [J]. Journal of Marketing, 70（4）: 19-36.

HORTON D, WOHL R, 1956. Mass communication and para-social interaction [J]. Psychiatry–interpersonal &Biological Processes, 19（3）: 215-299.

HOWARD J, J N SHETH, 1969. The theory of Buyer behavior [M]. New York: Wiley.

HSU C L, CHANG K C, CHEN M C, 2012. The impact of website quality on customer satisfaction and purchase intention: perceived playfulness and perceived flow as mediators [J]. Information Systems and E-Business Management, 10（4）: 1-22.

HUANG E, 2012. Online experiences and virtual goods purchase intention [J]. Internet Research, 22（3）: 252-274.

IRENE H, PERRY S, 1999. The relationship between environmental commitment and managerial perceptions of stakeholder importance [J]. ACAD MANAGE J, 42（1）: 87-99.

JAMES D L, DURAND R M, DREVES R A, 1976. The Use of a multi-attribute attitude model in a store image study [J]. Journal of Retailing, 52（2）: 23-32.

JARA M, CLIQUET G, 2012. Retail brand equity: Conceptualization and measurement [J]. Journal of Retailing& Consumer Service, 9（1）: 140-149.

JENSEN, JENS F, 1998. Interactivity: Tracing a New Concept in Media and Communication Studies [J]. Nordicom Review, 19（1）: 85-204.

JEONG S W, FIORE A M, NIEHM L S, et al., 2009. The role of experience value in online shopping: the impacts of product presentation on consumer responses towards an apparel web site [J]. Internet Research, 19（1）: 105-124.

JIANG Z, CHAN J, TAN B, CHUA W S, 2010. Effects of interactivity on website involvement and purchase intention [J]. Journal of the Association For Information Systems, 11（1）: 34-59.

JIN B, PARK J Y, KIM J, 2010. Joint influence of online store attributes and offline operations on performance of multichannel retailers [J]. Behaviour&Information Technology, 29（1）: 85-96.

JONES C, KIM S, 2010. Influences of retail brand trust, offline patronage, clothing involvement and website quality on online apparel shopping intention [J]. International Journal of Consumer Studies, 34（6）: 627-637.

JOSIAM B M, KINLEY T R, KIM Y K, 2005. Involvement and the tourist shopper: using the involvement construct to segment the American tourist shopper at the mall [J]. Journal of Vacation Marketing, 11（2）: 135-154.

KEAVENEY S M, HUNT K A, 1992. Conceptualization and Operationalization of retail store image : a case of rival middle-level theories [J]. Journal of the Academy of Marketing Science, 20（2）: 165-175.

KELLER K L, 1993. Conceptualizing measuring and managing customer-based brand equity [J]. Journal of Marketing, 57（1）: 1-22.

KELLER K L, 1998. Strategic brand management : building measuring and managing brand equity [M]. NJ : Prentice-Hall, Upper Saddle River.

KERLINGER F N, LEE H B, 2000. Foundations of behavioral research [M]. New York : Harcourt College Publishers.

KIM M, LENNON, 2008. The effects of visual and verbal information on attitudes and purchase intentions in internet shopping [J]. Psychology and Marketing, 25（2）: 146-178.

KIM, PETER, 1990. A perspective on brands [J]. Journal of Consumer Marketing : 20-30.

KIOUSIS S, 1999. Broadening the Boundaries of Interactivity : A Concept Explication [C]. Association for Education in Journalism and Mass Communication Annual Conference, New Orleans.

KOLLER M, SALZBERGER T, 2012. Heterogeneous development of cognitive dissonance over time and its effect on satisfaction and loyalty [J]. Journal of Custormer Behaviour, 11（3）: 261-280.

KREMER F, VIOT C, 2012. How store brands build retailer brand image [J]. International Journal of Retailing& Distribution Management, 40（7）: 528-543.

KRUGMAN H E, 1965. The impact of television advertising, learning without involvement [J]. Pubic Opin Quart, 29 : 349-356.

KU L L, 1992. Impacts of interactivity from computer-mediated communication in an organizational settings : a study of electronic mail [D]. Michigan State University, East Lansing MI.

KUAN H H, BOCK G W, 2007. Trust transference in brick and click retailers : an investigation of the before-online-visit phase [J]. Information&Management, 44（2）: 175-187.

KWON, SUK W, LENNON S J, 2009. Reciprocal effects between multichannel retailers' offline and online brand images [J]. Journal of Retailing, 85（3）: 376-390.

KYLE G, GRAEFE A, MANNING R, et al., 2004. Effects of place attachment on Users' perceptions of social and environmental conditions in a natural setting [J]. Journal of Environmental Psychology, 24: 213-225.

LANE V, JACOBSON R, 1995. Stock Market Reactions to brand extension announcements: the effects of brand attitude and familiarity [J]. Journal of Marketing, 59: 63-77.

LASALLER D, BRITTON, TERRY A P, 2003. Turning ordinary products into extraordinary experiences [M]. Boston: Harvard Business School Press.

LASSAR W, MITTAL B, SHARMA A, 1995. Measuring Customer-based brand equity [J]. Journal of Consumer Marketing, 12（4）: 11-19.

LAURENT G, J KAPFERER, 1985. Measuring consumer involvement profiles [J]. Journal of Marketing Research, 22: 41-53.

LEE H H, KIM J, 2010. Investigating dimensionality of multichannel retailer's cross-channel integration practices and effectiveness: shopping orientation and loyalty intention [J]. Journal of MarketingChannels, 17（4）: 281-312.

LEE K C, KANG I, MCKNIGHT D H, 2007. Transfer from offline trust to key online perception: an empirical study [J]. Ieee Transactions on Engineering Management, 54（4）: 729-741.

LEWIS J D, WEIGERT A, 1985. Trust as social reality [J]. Social Farces,（63）: 967-985.

LINDQUIST J D, 1974. Meaning of Image [J]. Journal of Retailing, 50: 29-38.

LIU Y, P L J SHRUM, 2002. What is interactivity and is it always a good thing? Implications of definition, person, and situation for the influence of interactivity on advertising effectiveness [J]. Journal of Advertising, 31（4）: 53-64.

LOFMAN B, 1991. Elements of experiential consumption: an exploratory study [J]. Advances in Consumer Research, 18（1）: 729-735.

LOMBARD, MATTHEW, DUTCH J S, 2001. Interactive Advertising and Presence: A Framework [J]. Journal of Interactive Advertising, 1（2）.

LOVELOCK C, 1992. Seeking synergy in service operations: seven things marketers need to know about service operations [J]. European Management Journal, 10（1）: 22-29.

LUNDKVIST A, YAKHLEF A, 2004. Customer involvement in new service development : a conversational approach [J]. Managing Service Quality, 14 : 249-257.

MADDEN T J, FEHLE F, FOURNIER S, 2006. Brands matter : an empirical demonstration of the creation of shareholder value through branding [J]. Journal of the Academy of Marketing Science, 34（2）: 224-235.

MANGANARI E E, SIOMKOS G J, RIGOPOULOU I D, et al., 2011. Virtual store layout effects on consumer behavior : applying an environmental psychology approach in the online travel industry [J]. Internet Research, 21（3）: 326-346.

MARK TREMAYNE, 2005. Lessons learned from experiments with interactivity on web [J]. Journal of Interactive Advertising, 5（2）: 21-31.

MARTINEAU P, 1958. The personality of the retail store image [J]. Havard Business Review, 36（1-2）: 47-55.

MATTHES J, 2013. The affective underpinnings of hostile media perceptions : exploring the distinct effects of affective and cognitive involvement [J]. Communication Research, 40（3）: 360-387.

MATTHING J, SANDEN B, EDVARDSSON B, 2004. New service development : learning from and with customers [J]. International Journal of Service Industry Management, 15（5）: 479-498.

MAYER R C, DAVIS J H, SCHOORMAN F D, 1995. An Integrative Model of Organizational Trust [J]. Academy of Management Review, 20（3）: 709-734.

MAYER R C, DAVIS J H, SCHOORMAN F D, 1995. An Integrative Model of Organizational Trust [J]. Academy of Management Review, 20（3）: 709-734.

MAZURSKY D, JACOBY J, 1986. Exploring the development of store images [J]. Journal of Retailing, 62（2）: 145-165.

MCALLISTER D J, 1995. Affect and cognition-based trust as foundations for interpersonal cooperation in organizations [J]. Academy of Management Journal, 38（1）: 24-59.

MCKINNEY V, YOON K, ZAHEDI F M, 2002. The measurement of web customer satisfaction: an expectation and disconfirmation approach [J]. Information Systems Research, 13（3）: 296-315.

MCKNIGHT D H, CHOUDHURY V, KACMAR C, 2002. Developing and validating trust measures for e-commerce: an integrative typology [J]. Information Systems Research, 13（3）: 334-359.

MCMILLAN S J, HWANG J S, LEE G, 2003. Effects of structural and perceptual factors on attitudes toward the website [J]. Journal of Advertising Research: 400-409.

MCMILLAN S J, HWANG J S, 2002. Measure of perceived interactivity: an exploration of the role of direction of communication, user control, and time in shaping perceptions of interactivity [J]. Journal of Advertising, 31（3）: 29-42.

MCMILLAN, SALLY J, 2000. Interactivity is in the eye of the beholder: function, perception, involvement, and attitude toward the web site [C]. In Proceedings of the American Academy of Advertising, M.A.Shaver, ed., East Lansing, MI: Michigan State University: 71-78.

MEYER C, SCHWAGER A, 2007. Understanding customer experience [J]. Harvard Business Review, 85（2）: 116-126.

MITTAL B, 1995. A comparative analysis of four scales of consumer involvement [J]. Psychology&Marketing, 12（7）: 663-682.

MONTOYA WEISS M M, VOSS G B, GREWAL D, 2003. Determinants of online channel use and overall satisfaction with a relational, multichannel service provider [J]. Journal of the Academy of Marketing Science, 31（4）: 448-458.

MORGAN R, HUNT S, 1994. Theory of Relationship Marketing [M]. 58: 20-38.

NETEMEYER R G, KRISHNAN B, PULLIG C, et al., 2004. Developing and validating measures of Facets of customer-based brand equity [J]. Journal of Business Research, 57: 209-224.

NGUYEN N, LEBLANC G, 2001. Corporate image and corporate reputation in customer' retention decisions in services [J]. Journal of Retailing and Consumer Services, 8（4）: 227-236.

NIJSSEN E J, LIESHOUT K M, 1995. Awareness, use and effectiveness of models and methods for new product development [J]. European Journal of Marketing, 29 (10): 27-44.

NOVAK, THOMAS P, HOFFMAN D L, et al., 2000. Measuring the customer experience in online environments: a structural modeling approach [J]. Marketing Science, 19 (1): 22-42.

OLIVEIRA P, ROTH A V, 2012. The influence of service orientation on B2B e-service capabilities: an empirical investigation [J]. Production and Operations Management, 21 (3): 423-443.

PAPPU R, QUESTER P A, 2006. Consumer-based method for retaier equity measurement: Results of an empirical study [J]. Journal of Retailing and Consumer Service, 34 (13): 317-329.

PAPPU R, QUESTER P G, COOKSEY R W, 2006. Consumer-based brand equity and country-of–origin relationships: some empirical evidence [J]. European Journal of Marketing, 40 (5/6): 696-717.

PARBOTEEAH D V, VALACICH J S, WELLS J D, 2009. The influence of website characteristics on a consumer's urge to buy impulsively [J]. Information Systems Research, 20 (1): 60-78.

PARK J, LENNON S J, STOEL L, 2005. Online product presentation: effects on mood, perceived risk, and purchase intention [J]. Psychology and Marketing, 22 (9): 695-719.

PAVLIK, JOHN V, 1998. New media technology: cultural and commercial perspectives [M]. Boston: Allyn and Bacon.

PAVLIK, JOHN V, 1998. New media technology: cultural and commercial perspectives, 2d ed [M]. Boston: Allyn and Bacon.

PETER J, MICHAEL D, 1994. Improving service: managing response time in hospitality operations [J]. International Journal of Operations & Production Management, 14 (4): 52-58.

PINE II, GILMORE J H, 1998. Welcome to the experience economy [J]. Harvard Business Review, 76 (7/8): 97-105.

RAMANI G, 2006. Interactional orientation: the new measure of marketing capabilities [D]. Connecticut: University of Connecticut.

RAMANI G, 2008. Kumar Interaction Orientation and Firm Performance [J]. Journal of Marketing, 72: 27-45.

REMPEL J K, JAMES G H, MARK P Z, 1985. Trust in close relationships [J]. Journal of Personality and Social Psychology, 49（1）: 95-112.

RICE R E, BAIR J H, CHEN M, 1984. The New Media: Communication, Research, and technology [M]. Beverly Hills: Sage Publications.

ROBERT C, BLATTBERG, DEIGHTON J, 1991. Interactive Marketing: Exploiting the Age of Addressability [J]. Sloan Management Review.

ROTH A V, 2001. Siete mitos de los servicos electronicos [J]. Harvard Deusto Business Review, 100: 88-96.

ROTTER J B A, 1980. new scale for the measurement of interpersonal trust [J]. Journal of Personality, 35: 651-665.

ROUSSEAN D M, SITKIN S B, BURT.R S, et al., 1998. Not so different after all: A cross-discipline view of trust [J]. Academy of Management Review, 23（3）: 393-404.

SABIOTE F E, ROMAN S, 2012. Adding clicks to bricks: a study of the consequences on customer loyalty in a service context [J]. Electronic Commerce Research and Applications, 11（1）: 36-48.

SCHIFFMAN L G, KAUNK L, 1983. Consumer Behavior [M]. Englewood Cliffs, N J: Prentice-Hall.

SCHMITT B H, 1999. Experiential marketing: how to get customers to sense, feel, think, act, & relate to your company& brands [M]. The Free Press.

SCHUMANN, DAVID W, ARTIS A, RIVERA R, 2001. The future of Interactive Advertising Viewed through an IMC Lens [J]. Journal of Interactive Advertising, 1（2）.

SENGUPTA J, GOODSTEIN R C, BONINGER D S, 1997. All cues are not created equal: Obtaining attitude persistence under low-involvement conditions [J]. Journal of Consumer Research, 23（4）: 351-361.

SHEN Y C, HUANG C Y, CHU C H, et al., 2010. Virtual community loyalty: an interpersonal perspective [J]. International Journal of Electronic Commerce, 15（1）: 49-74.

SHERIF M, CANTRIL H, 1947.The psychology of ego-involvement [M]. New York : John Wiley : 8-13.

SHOCKER D A, PAJENDRA K S, ROBERT W R, 1994. Challenges and Opportunities facing brand management:an introduction to the special issue [J]. Journal of Marketing Research,(31): 149-158.

SIMON J, GREENBERG J, BREHM J, 1995. Trivialization : the forgotten mode of dissonance reduction [J]. Journal of Personality and Social Psychology, 68 (2): 247-260.

SIMON, SULLIVAN, 1993. The measurement and determinant of brand equity : a financial approach [J]. Marketing Science, 12 : 28-52.

SIROWER M L, 2007. The Synergy trap : how companies lose the acquisition game [M]. Free Press.

SLAMA M E, TASHCHIAN A, 1985. Selected socioeconomic and demographic characteristics associated with purchasing involvement [J]. Journal of Marketing : 72-82.

SONG J, ZINKHAN G M, 2008. Determinants of Perceived web site interactivity [J]. Journal of Marketing, 72 (2): 99-113.

SOUSA R, VOSS C A, 2006. Service quality in quality in multichannel service employing virtual channels [J]. Journal of Service Research, 8 (4): 356-371.

SOUSA R, VOSS C A, 2006. Service quality in multichannel services employing virtual channels [J]. Journal of Service Research, 8 (4): 356-371.

SRIVASTAVE, RAJENDRA, SHOCKER A D, 1991. Brand equity : a perspective on its meaning and measurement[R] : 91-124.

STEWART K J, ZHANG Y, 2003. Effects of hypertext links on trust transfer [J]. International Conference on Electronic Commerce, 23 (4): 235-239.

TAUBER, 1988. Brand Leverage : Strategy for growth in a cost control world [J]. Journal of Advertising Research [J]. Journal of Advertising Research : 26-30.

TINA J, JAYROE, WOLFRAM D, 2012. Internet searching, tablet technology and older adults [J]. Proceedings of the Association for Information Science and Technology, 49 (1): 1-3.

VENKATESH V, DAVIS F D, 2000. A theoretical extension of the technology acceptance model : four longitudinal field studies [J]. Management Science, 46（2）: 186-204.

VISHWANATH V, MULVIN G, 2001. Multi-channels: the real winners in the B2C internet wars [J]. Business Strategy Review, 12（1）: 25-33.

WALGREN C J, RUBLE C A, DONTHU, 1995. Brand equity, brand preference, and purchase intent [J]. Journal of Advertising, 24（3）: 25-40.

WANG S, BEATTY S E, MOTHERSBAUGH D L, 2009. Congruity's role in website attitude formation [J]. Journal of Business Research, 62（6）: 609-615.

WANG Y, QUAEHEE Y, FESENMAIER D R, 2002. Defining the virtual tourist community : implications for tourism marketing [J]. Tourism Management, 23（4）: 407-417.

WHITE R C, MATHEWS S J, VOORHEES C M, 2013. The effects of service on multichannel retailers'brand equity [J]. Journal of Service Marketing, 27（4）: 259-270.

WIKSTROM S, 1995.The customer as co-producer [J]. European Journal of Marketing, 30(4):6-19.

WILES M A, MORGAN N A, REGO L L, 2012. The effect of brand acquisition and disposal on stock returns [J]. Journal of Marketing, 76（1）: 38-58.

WU G H, 1999. Perceived interactive and attitude toward website [J]. Proceedings of American Academy of Advertising : 254-262.

WU G H, 2000. The Role of Perceived Interactivity in Interactive ad Processing [D]. Austin : The University of Texas.

YANG H, WU C, 2009. Effects of image interactivity technology adoption on e-shoppers' behavioural intentions with risk as moderator [J]. Production Planning and Control, 20（4）: 370-382.

YANG Q, HUANG L, XU Y, 2008. Role of trust transfer in e-commerce acceptance [J]. Tsinghua Science and Technology, 13（3）: 279-286.

YANG X, VECIANA G D, 2004. Service capacity of peer to peer networks [C]. The IEEE Computer and Communications Societies.

YEUNG M, RAMASAMY B, 2012. Are shocks to brands permanent or transient? [J]. Journal of Brand Management, 19（9）: 34-55.

YIN J, 2002. Interactivity of internet-based communications: impacts on e-business consumer decisions [D]. Georgia State University.

YOO B, DONTHU N, LEE S, 2000. An examination of selected marketing mix elements and brand equity [J]. Academy of marketing Science, 28: 195-211.

ZAICHKOWSKY J L, 1985. Measuring the involvement construct in marketing [J]. Consumer Research, 12: 341-352.

ZAICHKOWSKY J L, 1994. The personal involvement inventory: reduction, revision, and application to advertising [J]. Journal of Advertising, 23 (4): 59-70.

ZHAO X, LYNCH J G, CHEN Q, 2010. Reconsidering Baron and Kenny: myths and truths about mediation analysis [J]. Journal of Consumer Research, 37: 197-206.

ZHU K, 2004. The complementarity of information technology infrastructure and E-commerce capability: a resource-based assessment of their business value [J]. Journal of Management Information Systems, 21 (1): 167-202.

ZUCKER, LYNNE G, 1986. Production of Trust: Institutional sources of economics structure [J]. Organization Behavior, 8: 53-111.

附　录

附录 A　访谈提纲

尊敬的女士/先生：

您好！我是一名博士生，正在进行一项有关零售商感知服务能力方面的学术研究。本问卷采用匿名的方式，您所提供的信息仅供学术研究之用，敬请您安心填答，感谢您的支持！

1. 请您回忆一下，您是否有过在同一零售商实体店和网店购物的经历？
   A. 是　　　　　B. 否
2. 请您根据自己的回忆，写下您所购物的零售商的名称。

3. 请您根据这次购物的经历，来评价该零售商的服务能力，并给出相应的原因。

4. 您觉得该零售商应该为您提供哪些服务？

5. 与其他零售商相比，您觉得该零售商的服务能力有哪些不足？您希望该零售商未来能够在哪些方面为您提供服务？

6.您的性别

A.男   B.女

7.您的年龄

A. 18岁以下（不含18岁）   B. 18~24岁

C. 25~34岁   D. 35~44岁

E. 55岁以上

8.您的受教育程度

A.初中及以下   B.高中或中专

C.大专   D.本科

E.硕士及以上

9.您的职业

A.在校学生   B.技术人员

C.专业人员   D.教师

E.工人   F.个体户或自由职业者

G.销售人员   H.文职或办事人员

I.无业、失业或下岗   J.退休

K.其他

10.您的个人月收入（人民币）

A. 1000元以下   B. 1000~3000元

C. 3000~5000元   D. 5000~10000元

E. 10000元以上

附录B 感知零售商服务能力调查问卷

尊敬的女士/先生：

您好！我是一名博士生，正在进行一项有关零售商感知服务能力方面的学

术研究。本问卷采用匿名的方式，您所提供的信息仅供学术研究之用，敬请您安心填答，感谢您的支持！

1. 请您回忆一下，您是否有过在同一零售商实体店和网店购物的经历？
A. 是   B. 否

2. 请您根据自己的回忆，写下您所购物的零售商的名称。

3. 请您回忆一下自己最近一次在零售商网店购物的经历，根据此次购物的真实感受，对下面的信息能力的量表进行打分（1~7分别代表非常不同意、不同意、有点不同意、中立、有点同意、同意、非常同意）

A. 该零售商网店能够为消费者提供丰富的产品信息
1   2   3   4   5   6   7

B. 该零售商网店能够为消费者提供准确的产品信息
1   2   3   4   5   6   7

C. 该零售商网店能够为消费者提供最新的产品信息，如产品价格打折
1   2   3   4   5   6   7

D. 该零售商网店能够帮助消费者迅速找到需要的产品
1   2   3   4   5   6   7

E. 该零售商实体店能够有清晰的图片或文字说明
1   2   3   4   5   6   7

4. 请您回忆一下自己最近一次在零售商网店购物的经历，根据此次购物的真实感受，对下面的交易能力的量表进行打分（1~7分别代表非常不同意、不同意、有点不同意、中立、有点同意、同意、非常同意）

A. 该零售商网店能够快速地处理交易，如及时结账等
1   2   3   4   5   6   7

B. 该零售商网店能够及时发货
1   2   3   4   5   6   7

C. 该零售商网店提供便捷的物流，能按时完成服务

1　　　2　　　3　　　4　　　5　　　6　　　7

D. 该零售商网店能够保证交易的完成

1　　　2　　　3　　　4　　　5　　　6　　　7

5. 请您回忆一下自己最近一次在零售商网店购物的经历，根据此次购物的真实感受，对下面的补救能力的量表进行打分（1~7分别代表非常不同意、不同意、有点不同意、中立、有点同意、同意、非常同意）

A. 当我抱怨时，该零售商网络商店能够快速作出反应

1　　　2　　　3　　　4　　　5　　　6　　　7

B. 对于我的抱怨，该零售商网店能够提供满意的解释

1　　　2　　　3　　　4　　　5　　　6　　　7

C. 当我购买的产品出现问题时，该零售商网络商店能够提供便利的沟通条件

1　　　2　　　3　　　4　　　5　　　6　　　7

D. 当我购买的产品出现问题时，该零售商网络商店能够提供退换、维修等服务

1　　　2　　　3　　　4　　　5　　　6　　　7

6. 请您回忆一下自己最近一次在零售商网店购物的经历，根据此次购物的真实感受，对下面的整合能力的量表进行打分（1~7分别代表非常不同意、不同意、有点不同意、中立、有点同意、同意、非常同意）

A. 该零售商网络商店支持线上订单，线下实体店取货

1　　　2　　　3　　　4　　　5　　　6　　　7

B. 该零售商网络商店支持线上订单，线下实体店退换

1　　　2　　　3　　　4　　　5　　　6　　　7

C. 该零售商网络商店提供的产品与实体店是互补的

1　　　2　　　3　　　4　　　5　　　6　　　7

D. 该零售商网络商店的提供给会员的权益和服务与线下实体店提供的是一致的

1　　2　　3　　4　　5　　6　　7

7. 您的性别

A. 男　　　　　　　　　　B. 女

8. 您的年龄

A. 18 岁以下（不含 18 岁）　　B. 18~24 岁

C. 25~34 岁　　　　　　　　D. 35~44 岁

E. 55 岁以上

9. 您的受教育程度

A. 初中及以下　　　　　　　B. 高中或中专

C. 大专　　　　　　　　　　D. 本科

E. 硕士及以上

10. 您的职业

A. 在校学生　　　　　　　　B. 技术人员

C. 专业人员　　　　　　　　D. 教师

E. 工人　　　　　　　　　　F. 个体户或自由职业者

G. 销售人员　　　　　　　　H. 文职或办事人员

I. 无业、失业或下岗　　　　J. 退休

K. 其他

11. 您的个人月收入（人民币）

A. 1000 元以下　　　　　　B. 1000~3000 元

C. 3000~5000 元　　　　　D. 5000~10000 元

E. 10000 元以上

附录 C　企业—消费者互动对零售商品牌权益的影响调查问卷

尊敬的女士/先生：

您好！我是一名博士生，正在进行一项有关零售商感知服务能力方面的学术研究。本问卷采用匿名的方式，您所提供的信息仅供学术研究之用，敬请您安心填答，感谢您的支持！

1. 请您回忆一下，您是否有过在同一零售商实体店和网店购物的经历？
   A. 是　　　　　　　B. 否

2. 请您根据自己的回忆，写下您所购物的零售商的名称。

3. 请您回忆一下自己最近一次在零售商网店购物的经历，根据此次购物的真实感受，对下面的互动功能性量表进行打分（1~7分别代表非常不同意、不同意、有点不同意、中立、有点同意、同意、非常同意）

   A. 我与该零售商网站可以通过多种方式（如电话、短信、e-mail、微信、阿里旺旺等）进行互动

   1　　2　　3　　4　　5　　6　　7

   B. 我与该零售商网站通过两种或两种以上方式进行过互动

   1　　2　　3　　4　　5　　6　　7

   C. 我与该零售商网站间双向沟通很容易，我很乐意与该网站进行沟通

   1　　2　　3　　4　　5　　6　　7

   D. 该零售商网站客服人员能理解我的问题，并能给出容易被理解的回复

   1　　2　　3　　4　　5　　6　　7

   E. 该零售商网站的一些功能简单易学，很容易操作

   1　　2　　3　　4　　5　　6　　7

F. 我从该零售商网站获得了产品促销、价格等信息并学习到了许多知识

1　　2　　3　　4　　5　　6　　7

4. 请您回忆一下自己最近一次在零售商网店购物的经历，根据此次购物的真实感受，对下面的互动信息性量表进行打分（1~7分别代表非常不同意、不同意、有点不同意、中立、有点同意、同意、非常同意）

A. 该零售商网站产品介绍、客服人员答复的信息内容格式丰富，有文字、图片、视频、超链接等

1　　2　　3　　4　　5　　6　　7

B. 通过和该零售商网站的互动能够顺利帮助您找到所需的信息

1　　2　　3　　4　　5　　6　　7

C. 该零售商网站和您互动的信息和您的需求很相关

1　　2　　3　　4　　5　　6　　7

D. 该零售商网站与您互动的文字、图片、视频等信息很清晰，容易理解

1　　2　　3　　4　　5　　6　　7

E. 该零售商网站与您互动的内容文字、图片、视频等信息很友好，很有亲和力

1　　2　　3　　4　　5　　6　　7

F. 该零售商网站产品介绍和客服人员答复的信息内容很完整，很全面，很详细

1　　2　　3　　4　　5　　6　　7

G. 该零售商网站促销广告、活动介绍、网站使用说明介绍等信息内容很完善，很全面，很详细

1　　2　　3　　4　　5　　6　　7

5. 请您回忆一下自己最近一次在零售商网店购物的经历，根据此次购物的真实感受，对下面的互动响应性量表进行打分（1~7分别代表非常不同意、不同意、有点不同意、中立、有点同意、同意、非常同意）

A. 我在零售商网站上操作时，可以几乎无时间延迟地获得想要的信息

1　　2　　3　　4　　5　　6　　7

B. 我与该零售商网站即时沟通很容易，客户人员可以很快响应并处理我的请求

1　　2　　3　　4　　5　　6　　7

C. 该零售商网站可以根据我的浏览及操作情况，预测出我未来的需求

1　　2　　3　　4　　5　　6　　7

D. 该零售商网站可以根据我的过去交易情况，预测出我可能面临的问题

1　　2　　3　　4　　5　　6　　7

E. 该零售商网站可以正常运行，很少发生错误

1　　2　　3　　4　　5　　6　　7

F. 我在零售商网站上操作或与其互动时，该零售商网站可以给我正确的反馈

1　　2　　3　　4　　5　　6　　7

6. 请您回忆一下自己最近一次在零售商网店购物的经历，根据此次购物的真实感受，对下面的互动自主性量表进行打分（1~7分别代表非常不同意、不同意、有点不同意、中立、有点同意、同意、非常同意）

A. 该零售商网站会基于我注册、浏览及交易的信息与我进行互动

1　　2　　3　　4　　5　　6　　7

B. 该零售商网站不是经常给我发送垃圾广告等信息，不会浪费我许多时间

1　　2　　3　　4　　5　　6　　7

C. 我可以自由订阅该零售商网站的信息内容，并可以自由取消订阅

1　　2　　3　　4　　5　　6　　7

D. 我可以决定是否开始或终止与该零售商内容的互动

1　　2　　3　　4　　5　　6　　7

E. 我觉得个人资料放在该网站很安全，该零售商网站会对我的个人资料进行保密

1   2   3   4   5   6   7

F. 该零售商网站会保密我的交易及支付信息等，不会发生泄密

1   2   3   4   5   6   7

7. 请您回忆一下自己最近一次在零售商网店购物的经历，根据此次购物的真实感受，对下面的线上信任量表进行打分（1~7分别代表非常不同意、不同意、有点不同意、中立、有点同意、同意、非常同意）

A. 我该零售商的网上商店会按照我的最佳利益行事，如当我在该零售商的网上商店购买商品时，其能够主动为我提供打折促销的信息等

1   2   3   4   5   6   7

B. 我该零售商的网上商店会兑现向我作出的承诺，如履行退款保证和其他销售政策等

1   2   3   4   5   6   7

C. 我该零售商的网上商店有能力满足我在交易过程中的大部分需求，如提供优质的产品和服务等

1   2   3   4   5   6   7

8. 请您回忆一下自己最近一次在零售商网店购物的经历，根据此次购物的真实感受，对下面的线下信任量表进行打分（1~7分别代表非常不同意、不同意、有点不同意、中立、有点同意、同意、非常同意）

A. 我该零售商的实体商店会按照我的最佳利益行事，如当我在该零售商的实体商店购买商品时，其能够主动为我提供打折促销的信息等

1   2   3   4   5   6   7

B. 我该零售商的实体商店会兑现向我作出的承诺，如履行退款退货保证和其他销售政策等

1   2   3   4   5   6   7

C. 我该零售商的实体商店有能力满足我在交易过程中的大部分需求，如提供优质的产品或服务等

1   2   3   4   5   6   7

9. 请您回忆一下自己最近一次在零售商网店购物的经历，根据此次购物的真实感受，对下面的零售商品牌权益量表进行打分（1~7分别代表非常不同意、不同意、有点不同意、中立、有点同意、同意、非常同意）

A. 即使其他零售商有与该零售商相同的特征，我仍偏好在该零售商处购物
1　　　2　　　3　　　4　　　5　　　6　　　7

B. 与其他的同类型零售商相比，我对该零售商更忠诚
1　　　2　　　3　　　4　　　5　　　6　　　7

C. 即使竞争对手的表现与该零售商一样好，我仍偏好该零售商
1　　　2　　　3　　　4　　　5　　　6　　　7

D. 即使其他零售商与该零售商在各个方面无差别，在该零售商处购物仍是一种更聪明的行为
1　　　2　　　3　　　4　　　5　　　6　　　7

E. 与其他的同类型零售商相比，我对该零售商有更多的好感
1　　　2　　　3　　　4　　　5　　　6　　　7

10. 请您回忆一下自己最近一次在零售商网店购物的经历，根据此次购物的真实感受，对下面的消费者涉入度的量表进行打分（1~7分别代表非常不同意、不同意、有点不同意、中立、有点同意、同意、非常同意）

A. 我在该零售商网上商店购买时会仔细挑选
1　　　2　　　3　　　4　　　5　　　6　　　7

B. 我愿意花很多时间在该零售商网上商店中购买
1　　　2　　　3　　　4　　　5　　　6　　　7

C. 我对在该零售商网上商店中购买很感兴趣
1　　　2　　　3　　　4　　　5　　　6　　　7

11. 请您回忆一下自己最近一次在零售商实体店购物的经历，根据此次购物的真实感受，对下面的实体店形象的量表进行打分（1~7分别代表非常不同意、不同意、有点不同意、中立、有点同意、同意、非常同意）

A. 总体来说，我对该零售商实体店有好感

1 2 3 4 5 6 7

B. 该零售商实体店出售高质量的产品

1 2 3 4 5 6 7

C. 该零售商实体店拥有乐于助人和知识丰富的销售人员

1 2 3 4 5 6 7

D. 该零售商实体店的购物氛围很好

1 2 3 4 5 6 7

12. 请您回忆一下自己最近一次在零售商网店购物的经历，根据此次购物的真实感受，对下面的信息能力的量表进行打分（1~7分别代表非常不同意、不同意、有点不同意、中立、有点同意、同意、非常同意）

A. 该零售商网店能够为消费者提供丰富的产品信息

1 2 3 4 5 6 7

B. 该零售商网店能够为消费者提供准确的产品信息

1 2 3 4 5 6 7

C. 该零售商网店能够为消费者提供最新的产品信息，如产品价格打折

1 2 3 4 5 6 7

D. 该零售商网店能够帮助消费者迅速找到需要的产品

1 2 3 4 5 6 7

E. 该零售商实体店能够有清晰的图片或文字说明

1 2 3 4 5 6 7

13. 请您回忆一下自己最近一次在零售商网店购物的经历，根据此次购物的真实感受，对下面的交易能力的量表进行打分（1~7分别代表非常不同意、不同意、有点不同意、中立、有点同意、同意、非常同意）

A. 该零售商网店能够快速地处理交易，如及时结账等

1 2 3 4 5 6 7

B. 该零售商网店能够及时发货

1 2 3 4 5 6 7

C. 该零售商网店提供便捷的物流，能按时完成服务

1　　　2　　　3　　　4　　　5　　　6　　　7

D. 该零售商网店能够保证交易的完成

1　　　2　　　3　　　4　　　5　　　6　　　7

14. 请您回忆一下自己最近一次在零售商网店购物的经历，根据此次购物的真实感受，对下面的补救能力的量表进行打分（1~7分别代表非常不同意、不同意、有点不同意、中立、有点同意、同意、非常同意）

A. 当我抱怨时，该零售商网络商店能够快速作出反应

1　　　2　　　3　　　4　　　5　　　6　　　7

B. 对于我的抱怨，该零售商网店能够提供满意的解释

1　　　2　　　3　　　4　　　5　　　6　　　7

C. 当我购买的产品出现问题时，该零售商网络商店能够提供便利的沟通条件

1　　　2　　　3　　　4　　　5　　　6　　　7

D. 当我购买的产品出现问题时，该零售商网络商店能够提供退换、维修等服务

1　　　2　　　3　　　4　　　5　　　6　　　7

15. 请您回忆一下自己最近一次在零售商网店购物的经历，根据此次购物的真实感受，对下面的整合能力的量表进行打分（1~7分别代表非常不同意、不同意、有点不同意、中立、有点同意、同意、非常同意）

A. 该零售商网络商店支持线上订单，线下实体店退换

1　　　2　　　3　　　4　　　5　　　6　　　7

B. 该零售商网络商店提供的产品与实体店是互补的

1　　　2　　　3　　　4　　　5　　　6　　　7

C. 该零售商网络商店的提供给会员的权益与服务与线下实体店是一致的

1　　　2　　　3　　　4　　　5　　　6　　　7

16. 您的性别

A. 男　　　　　　　　　　　B. 女

17. 您的年龄

A. 18 岁以下（不含 18 岁）   B. 18~24 岁

C. 25~34 岁   D. 35~44 岁

E. 55 岁以上

18. 您的受教育程度

A. 初中及以下   B. 高中或中专

C. 大专   D. 本科

E. 硕士及以上

19. 您的职业

A. 在校学生   B. 技术人员

C. 专业人员   D. 教师

E. 工人   F. 个体户或自由职业者

G. 销售人员   H. 文职或办事人员

I. 无业、失业或下岗   J. 退休

K. 其他

20. 您的个人月收入（人民币）

A. 1000 元以下   B. 1000~3000 元

C. 3000~5000 元   D. 5000~10000 元

E. 10000 元以上